Formas
comuns

entreCríticas

FRUTOS ESTRANHOS
Sobre a inespecificidade na estética contemporânea
Florencia Garramuño

POESIA E ESCOLHAS AFETIVAS
Edição e escrita na poesia contemporânea
Luciana di Leone

DEPOIS DA FOTOGRAFIA
Uma literatura fora de si
Natalia Brizuela

LITERATURA E ÉTICA
Da forma para a força
Diana Klinger

FORMAS COMUNS
Animalidade, literatura, biopolítica
Gabriel Giorgi

Gabriel Giorgi

Formas comuns

animalidade, literatura, biopolítica

Tradução de Carlos Nougué

Rocco

Título original
FORMAS COMUNES
Animalidad, Literatura, Biopolítica

Copyright do texto © 2015 *by* Gabriel Giorgi

Coordenação Coleção Entrecríticas © Paloma Vidal

Direitos desta edição reservados à
EDITORA ROCCO LTDA.
Av. Presidente Wilson, 231 - 8º andar
20030-021 - Rio de Janeiro - RJ
Tel.: (21) 3525-2000 - Fax: (21) 3525-2001
rocco@rocco.com.br
www.rocco.com.br

Printed in Brazil/Impresso no Brasil

preparação de originais
JULIA WÄHMANN

CIP-Brasil. Catalogação na fonte.
Sindicato Nacional dos Editores de Livros, RJ.

G423f   Giorgi, Gabriel
        Formas comuns: animalidade, literatura, biopolítica/
        Gabriel Giorgi; tradução de Carlos Nougué. - 1ª ed. -
        Rio de Janeiro: Rocco, 2016.
            (Entrecríticas)

        Tradução de: Formas comunes: animalidad, literatura, biopolítica.
        ISBN 978-85-325-3014-1

            1. Literatura latino-americana - Século XX - História e crítica.
        2. Animais - Literatura. 3. Biopolítica. I. Título. II. Série.

                                        CDD-868.99209
        15-26201   CDU-821.134.2(7/8).09

Sumário

Introdução: Uma nova proximidade 7

1. Os animais desaparecem: ficção e biopolítica menor 47
2. O animal em comum: Clarice Lispector 97

    Excurso. *O animal comunista* 143

3. A lição animal: pedagogias *queer* 151
4. Copi e a guerra pela cidade 205

    Coda: crítica e biopolítica 223

Bibliografia 231

Sobre o autor 239

INTRODUÇÃO

Uma nova proximidade

Certa insistência atravessa muitos percursos das culturas latino-americanas desde ao menos a década de 1960: a que faz do animal, e da vida animal, a instância de uma proximidade inquietante, de uma cercania e de uma intimidade que problematiza e desordena os modos como as culturas haviam dado forma ao humano por sua contraposição, sua distância e sua hierarquia com respeito do animal. Muitas tradições culturais na América Latina haviam inscrito, de modos recorrentes, o animal como o *outro* sistemático do humano; as imagens da vida animal traçaram ali o horizonte móvel de onde provinham o selvagem, o bárbaro e o indisciplinado, e onde o animal nomeava um fundo ameaçador dos corpos que as frágeis civilidades da região mal podiam - quando podiam - conter; tradições, enfim, que haviam associado o animal com uma *falha* constitutiva (cultural, racial, histórica) que atravessava as nações pós-coloniais e que demarcava o perímetro de sua pobre civilização, sempre tão assediada. Nesse contexto, uma série de materiais estéticos produzidos na América Latina começa a explorar, sobretudo a partir dos anos 1960, uma contiguidade e uma proximidade nova com a vida animal, um reordenamento das relações entre o animal e o humano e uma nova distribuição de corpos na imaginação da cultura. Nesses materiais, poderíamos dizer, *o animal muda de lugar nos repertórios da cultura:* a vida animal começará, de modos cada vez mais insistentes, a irromper no interior das casas, das prisões, das cidades; os espaços da política e do político verão emergir em seu interior uma vida animal para a qual não têm nome; sobretudo, ali onde se interrogue o corpo, seus desejos, suas doenças, suas paixões e seus afetos, ali onde o corpo se torne um protagonista e um motor das investigações estéticas e a uma só vez horizonte de apostas políticas, despontará uma animalidade que já não poderá ser separada com precisão da vida humana. A distinção entre humano e animal se tornará cada vez mais precária, menos sustentável em suas formas e seus sentidos, e deixará lugar a uma vida animal sem forma precisa, contagiosa, que já não se deixa submeter às prescrições da metáfora e, em geral, da linguagem figurativa, mas começa a funcionar num contínuo orgânico, afetivo, material e político com o humano.

O animal, então, muda de lugar na cultura e ao fazê-lo mobiliza ordenamentos de corpos, territórios, sentidos e gramáticas do visível e do sensível que se disputavam ao redor da oposição entre animal e humano; e esse deslocamento indica, quero sugerir, uma das transformações mais interessantes e mais significativas da cultura contemporânea (e que põe em questão, como veremos, a noção mesma de "cultura"). Desde ficções já clássicas como *A paixão segundo G.H.* ou *O beijo da mulher-aranha* em que o animal reinscreve territórios, formas e sentidos em torno do humano até as corporalidades inumanas de João Gilberto Noll ou a "revolta animal" de Copi que redefine os modos mesmo de entender a cidade, a vida animal emerge como um campo expansivo, um nó da imaginação que deixa ler um reordenamento mais vasto, reordenamento que passa por uma desestabilização da distância – que frequentemente se pensou em termos de uma natureza e de uma ontologia – entre humano e animal, e pela indagação de uma nova proximidade que é também um horizonte de politização.

A vida animal abandona o âmbito dessa "natureza" que a tornava inteligível e que a definia em sua contraposição à vida humana, social e tecnológica; a partir dali arrasta uma série muito vasta de distinções e oposições – natural/cultural, selvagem/civilizado, biológico/tecnológico, irracional/racional, vivente/falante, orgânico/mecânico, desejo/instinto, individual/coletivo etc. - que haviam ordenado e classificado corpos e formas de vida, e haviam fundado éticas e políticas. Pôr em movimento os lugares do animal na cultura abre linhas de contágio sobre procedimentos ordenadores mais gerais, e é esse o contágio que tem lugar nos materiais estéticos e nas intervenções culturais que me interessa sublinhar: uma reacomodação pontual, às vezes marginal, mas com efeitos cada vez mais gerais, mais insistentes e mais expansivos.

Dado que nisso está em jogo um deslocamento-chave: *o animal começa a funcionar de modos cada vez mais explícitos como um signo político*. Muda de lugar nas gramáticas da cultura e ao fazê-lo ilumina políticas que inscrevem e classificam corpos sobre ordenamentos hierárquicos e economias da vida e da morte - isto é: os ordenamentos biopolíticos que "produzem" corpos e lhes atribuem lugares e sentidos num mapa social. Esse animal que havia funcionado como o signo de uma alteridade heterogênea, a marca de um fora inassimilável para a ordem social - e sobre o qual se haviam projetado hierarquias e exclusões raciais, de classe, sexuais, de gênero, culturais -, esse animal se torna interior, próximo, contíguo, a instância de uma proximidade para a qual não há "lugar" preciso e que desloca mecanismos ordenadores de corpos e de sentidos.

Pensemos, por exemplo, na irrupção da legendária barata no espaço do doméstico e da domesticação em *A paixão segun-*

do G.H., de Clarice Lispector, que põe em contiguidade a vida animal com a figura politicamente marcada de Janair, a empregada, ambas invasoras da casa "própria"; ou no percurso que, sob o signo do *queer*, vai desde *O beijo da mulher-aranha* e seus híbridos humano-animais – que demarcam o destino de corpos que já não podem se enquadrar na norma sexual e política – até os textos de João Gilberto Noll, que interrogam a forma mesma dos corpos a partir de intensidades que passam pelo animal e pelo biológico. Ou num texto decisivo de Guimarães Rosa – "Meu tio o iauaretê" –, que porá em cena uma "rebelião animal" como instância de onde se pensam as tensões entre ficção, língua e biopolítica que conjugam alternativas à modernidade disciplinar, e que se conecta de modos iluminadores com ficções em torno do animal escritas por Borges e por Cortázar do lado rio-platense. Em todos esses materiais o animal condensa pontos ou linhas de intensidade política; funciona, assim, como uma zona privilegiada para ler linhas de interseção, núcleos temáticos e percursos entre cultura e biopolítica: tal é o objeto deste livro.

Uma premissa orienta as leituras que compõem *Formas comuns*: a de que certos percursos da cultura das últimas décadas inscrevem o animal, e os espaços de relação, tensão ou continuidade entre o humano e o animal, para interrogar, e frequentemente contestar, a partir desse terreno, as biopolíticas que definem formas de vida e horizontes do vivível em nossas sociedades: o animal é ali um *artefato*, um ponto ou zona de cruzamento de linguagens, imagens e sentidos a partir de onde se mobilizam as molduras de significação que fazem inteligível a vida como "humana". Mulheres-aranha, a barata de Lispector e seu "plasma neutro": a vida animal conjuga modos de fazer visíveis corpos e relações entre corpos; desafia pressupostos sobre a especificidade e a essência do humano, e desbarata sua forma mesma a partir de uma instabilidade figurativa que problematiza a definição do humano como evidência e como ontologia.

Fundamentalmente, a hipótese que este livro quer trabalhar diz que a cultura inscreveu a vida animal e a ambivalência entre humano e animal como via para pensar os modos como nossas sociedades traçam distinções entre *vidas por proteger* e *vidas por abandonar*, o que é o eixo fundamental da biopolítica. O animal, a questão animal e em geral a questão do vivente – e veremos que o deslizamento entre "animal" e "vivente" é uma das chaves deste percurso – serviram a diversos materiais culturais recentes para trazer à superfície, ao horizonte do visível, esses ordenamentos de corpos a partir dos quais uma sociedade traça esse campo de gradações e de diferenciações entre as vidas por proteger, por cuidar, por "futurizar" – isto é: quais são, para usar as palavras de Foucault, os corpos que se "fazem viver": onde se aplica o "fazer viver" de uma sociedade – e quais são os corpos e as vidas que se abandonam, que se reservam para a exploração, para a coisificação, ou diretamente para o abandono ou para a eliminação (de novo, para voltar a Foucault: os corpos que são "empurrados para a morte"). O animal ilumina um território-chave para pensar essas distribuições e essas contraposições na medida em que condensa a *vida eliminável* ou *sacrificável*:[1] a cultura, quero sugerir, fez do animal um ponto de ingresso privilegiado neste campo múltiplo, heterogêneo, difuso e, sobretudo, móvel de demarcações, sempre políticas, entre as vidas vivíveis, as vidas que têm um futuro e as vidas abandonáveis, irreconhecíveis, que habitam, de distintos modos, uma temporalidade incerta. Esse campo de decisões éticas e políticas – que atravessa racionalidades de classe, raciais, sexuais, sociais etc. – constitui, quero sugerir, o horizonte do político nos materiais da cultura que quero ler: definem um nó de politização da cultura, porque fazem do espaço da investigação estética e cultural um terreno de contestações sobre as condições históricas, materiais, mas também conceptuais, filosóficas, desde as que se configuram como as "molduras de inteligibilidade" (BUTLER, 2009) que fazem reconhecível uma vida como humana, como "pessoa" e como vida "vivível", em contraposição aos corpos irreconhecíveis social e politicamente, no arco que vai do animal à não pessoa, molduras em relação às quais se traçam distinções entre corpos e classificações e hierarquias entre formas de vida.

O animal na cultura – o *artefato*: aqui não estamos no espaço da representação, mas no da figuração, do devir e do regime de visibilização e de imaginação – reordena distribuições de corpos, revoga classificações e lógicas de alteridade, explora novos modos de contiguidade; suspende, enfim, "uma ordem de individuações" (RANCIÈRE, 2007) para ensaiar a partir dali outros modos de nomear e de fazer visíveis os corpos, e outras biopolíticas a partir das quais se pensam comunidades e éticas do vivente. O umbral do biopolítico parece funcionar, assim, como um umbral privilegiado das indagações da cultura. Este campo de indagações seria um dos saberes-chave que se elaboram a partir da cultura nas últimas décadas; este livro quer mapear alguns desses itinerários.

Biopolítica e cultura. Sobre o "fazer viver"

A questão da "vida animal" e seu lugar na cultura implica reconsiderar alguns dos modos como pensamos a articulação, as tensões e os pontos cegos entre cultura, política e vida; implica, dito de outro modo, repensar o modo como a cultura pensa e contesta um horizonte histórico definido em grande medida pela biopolítica.² Em tal sentido, quero sublinhar duas operações do pensamento biopolítico, que me interessam especialmente porque permitem repensar estas relações entre cultura e política em torno do *bios*.

Por um lado, a biopolítica – que naturalmente é um campo heterogêneo, dificilmente agrupável numa perspectiva única, mas que põe em jogo uma série de interrogações: a isso me refiro – diz que a modernidade implica um controle e uma administração cada vez mais intensos, mais diferenciados e mais abarcadores do ciclo biológico dos corpos e das populações; isto é: as sociedades começam a desenvolver lógicas e racionalidades diversas em torno dos modos de fazer viver e dos modos de matar e ou de deixar morrer. Recordar-se-á a fórmula clássica de Foucault sobre a emergência do biopoder: "o velho direito de *fazer morrer* ou *deixar viver* foi substituído pelo poder de *fazer viver* ou de *rechaçar para a morte.*" (1984, p. 167). Em torno desse "fazer viver" se joga, evidentemente, algo-chave: desbarata-se a ideia de um ciclo biológico ou natural da vida e da morte dos corpos, considerado como exterior à esfera de intervenções ético-políticas, para iluminá-lo como um campo de decisões com base em saberes e tecnologias que refletem esse novo universo: nascer, morrer, tratar-se, adoecer, reproduzir-se etc. tornam-se focos de intervenções diversas, e portanto de politização; a modernidade intensifica essas tecnologias (especialmente as últimas décadas), fazendo da subjetividade – e, naturalmente, da esfera pública e do coletivo – um campo de reflexão e de práticas acerca de como viver e de como morrer; o biológico, o ciclo ou a temporalidade dos corpos, torna-se cada vez mais terreno aberto de decisões: abre-se um novo horizonte de politização.[3] O axioma da biopolítica, seu mandato – como assinalou Foucault – é "fazer viver": a partir dali legitima todas as suas violências (que incluem, de maneira essencial, o genocídio: o reverso ou complementariedade entre biopolítica e tanatopolítica é uma área central de investigação), mas também, e em escala mais local e cotidiana, derrama sobre o social e o cultural um campo enorme e expansivo de interrogações acerca de, fundamentalmente, *o que é "fazer viver"*, como se aumentam, se protegem e se definem, em escala individual e comunitária, as possibilidades de vida, como se gerem e como se rearticulam e resistem, o que significa, enfim, "fazer viver" segundo especificações múltiplas – de classe, gênero, sexuais, culturais etc. –, que vidas uma sociedade seleciona para esse "fazer viver" e quais, ao contrário, se abandonam de maneiras mais ou menos evidentes; e, talvez fundamentalmente, o que conta como "vida", isto é, como vida viável, vivível; como se vê, onde se reconhece a plenitude ou a potência do vivente nos corpos por cuidar e por futurizar (a insistência na temporalidade da biopolítica é chave, porque é precisamente nesses tempos imaginários, nessa temporalidade projetada do futuro que se legitimam muitas decisões e se originam fantasias coletivas) e que corpos e que formas de vida não expressam essa plenitude do vivente e representam um decréscimo da potência vital ou diretamente uma ameaça. (Mas também: como *me* "faço viver", como exploro ou expando minhas possibilidades de vida, como uso as potências do corpo que declaro "meu" para abrir novas possibilidades de vida, ou como respondo a partir de "meu" corpo às marcas que me impõem um lugar numa cartografia biopolítica...) O campo de saberes, fantasias, tecnologias e práticas que se desdobra a partir do axioma do "fazer viver" é incessante; determina inflexões-chave do moderno, e conjuga uma de suas tradições mais atuais: é um dos solos ou sedimentos a partir dos quais pensamos o contemporâneo.

O "fazer viver", em todo caso, intensifica, num círculo crescente, a inclusão do biológico e das temporalidades do viver e do morrer no campo de decisões e de intervenções do político (ou do micropolítico: é sempre a vida diária do corpo o que está em jogo, em perigo e em debate); debilita, portanto, as ideias recebidas acerca do "natural", no sentido de contingente e exterior a nossas intervenções tecnológicas, sociais, cognitivas etc.: o fora do "natural", do "instintivo", do "biológico", do "genético", do "herdado" por via biológica, ou o que alguns pensadores chamam "as invariantes da espécie": esse umbral onde se traçou o exterior de nossas subjetividades políticas recede constantemente, e se torna, ao contrário, terreno de decisão, de reflexão, de subjetivação e de politização: essa é uma das premissas do pensamento biopolítico. Debilita, esvazia, rearticula constantemente a noção mesma de "natureza" desafiando-a a partir de intervenções tecnológicas e de saber: interioriza esse fora. Natural/cultural, biológico/social, animal/humano desarmam-se sobre um terreno em que o *bios* se torna arena de gestão e de contestação.

A grande contribuição de Foucault, diz Roberto Esposito, foi afastar todo pressuposto naturalista e ontologizante acerca da vida biológica ao conceber o *bios* sempre já atravessado pela história, ao mesmo tempo que iluminou a irredutibilidade da vida à história e à política: *bios* não é nunca puramente natural nem histórico; é antes o umbral de excedência, de opacidade onde o natural não coincide consigo mesmo, com um programa ou uma essência, e onde a história se abre a devires, a linhas de fuga que desarranjam a ordem do socializado e suas construções: "A vida enquanto tal não pertence nem à ordem da natureza nem à da história – não se pode ontologizar simplesmente, nem historizar por inteiro –, senão que se inscreve na margem móvel de seu cruzamento e de sua tensão" (2007, p. 52).[4]

Essa "margem móvel" é o que a cultura pensa em torno do animal e do vivente: um *bios* que não coincide com as distribuições prévias, que já não se acomoda à distinção entre a vida digna, qualificada, reconhecível política e socialmente como "pessoa", como indivíduo, e o "meramente" biológico, vivente, indiferenciado e irreconhecível, justamente porque está sempre já constantemente inscrito por dispositivos que alteram todo o tempo o umbral do puramente biológico ao mesmo tempo que excede os mecanismos que querem capturá-lo e reduzi-lo. Esse umbral de sombra, essa borda ou avesso do Impensado, que Deleuze identificará com a noção de *virtual*, é o que está em jogo nesta instabilidade semântica em torno da vida e dos modos em que se inscreve e se desafia a partir do saber e do poder. Esta instabilidade semântica, esta falha para significar esse *bios* é o que a cultura explora em torno do animal. Os usos do animal na cultura, e os modos como o animal desafia os limites do cultural, são modos de refletir e de responder a essa instabilidade epistemológica e conceitual (e sempre política) em torno desse *bios* que se converteu em matéria de intervenção e de dominação e na instância de novas subjetivações. Ali onde o *bios* não responde a um mero programa biológico ou natural, e onde excede as construções culturais que lhe dão forma, ali o animal se torna um umbral de exploração crítica e de interrogação estética.

A outra operação que me interessa sublinhar a respeito do pensamento biopolítico gira em torno dos modos como ilumina as "distinções" ou "cesuras" biopolíticas - Foucault falava de "práticas divisórias" -, isto é, os modos como o biopoder traça linhas de diferenciação e hierarquias entre corpos e os inscreve politicamente. Por exemplo, pensando o "fazer viver" moderno, como se sabe, Agamben encontra uma genealogia pré-moderna, a do *homo sacer*, uma figura jurídica romana que encarna as vidas que podem ser mortas sem cometer homicídio: a vida eliminável (1995). A partir dali, argumenta Agamben, esta figura do *homo sacer* se expande na modernidade e se torna instrumento do "fazer viver" foucaultiano: descreve a multiplicação e a expansão do campo de decisões sobre as vidas por proteger, as formas de vida reconhecíveis (*bios*) e as vidas por abandonar, as vidas cujas mortes não constituem delito, e que Agamben, decisivamente, associa com *zoé*, com a vida sem qualificações, sem forma, que se superpõe à vida animal e vegetal. Em *L'aperto*, Agamben cruzará explicitamente esta genealogia com a questão animal: no terreno da *zoé*, a vida abandonada, a "nuda vita", animais e humanos se enlaçam a partir de distribuições políticas (2002).[5] A biopolítica para Agamben é este tecido múltiplo, complexo, de decisões – que para ele são soberanas, ou implicam o regime da soberania – entre vidas reconhecíveis e vidas irreconhecidas:

entre *bios* e *zoé*.⁶ O *homo sacer*, enquanto figura daquele que pode ser morto sem cometer homicídio, conecta-se com a *morte animal*, que é um dos temas que aqui me interessam: entra no campo da vida abandonável ou exposta, que é o que se ilumina a partir do animal.

Por sua vez, Roberto Esposito interroga a genealogia a uma só vez jurídica e religiosa da noção de "pessoa", a qual caracteriza a partir de sua distribuição desigual: nem todo corpo ou vida humana corresponde a uma pessoa; a pessoa se constitui, precisamente, a partir de sua relação com corpos que são não pessoas, e que passam fundamentalmente pelo animal para projetar-se sobre "outros" humanos (os loucos, os anormais, as crianças, os doentes, os imigrantes ilegais etc., todas as figuras que dizem respeito a uma gradação e a uma temporalização da pessoa: ainda não pessoa, já não pessoa etc.). Em todo caso, a pessoa ilumina um dispositivo onde se marcam os corpos e o *bios* em geral a partir de um princípio de domínio e de sujeição da vida: pessoa plena será aquela que tem controle sobre seu próprio corpo,⁷ que se declara "dono" de seu corpo e capaz de submeter e de conduzir sua "parte animal". A pessoa funciona, assim, como um regime de dominação biopolítico, que distribui posições e lutas em torno de exercícios de poderes, de resistências e de desapossamento sobre um mapa móvel de relações com o vivente que são sempre relações de controle e de propriedade. Diferentemente da "nuda vita" de Agamben, que aponta para um limite extremo de destituição e de exclusão (enquanto signo de uma passagem da vida para a morte, cujo paradigma será o *Musselmann* do campo de concentração),[8] a distribuição entre pessoa/não pessoa abre um campo de respostas e de reversões mais complexo, atravessado por posições diversas e que iluminam, por isso mesmo, com mais precisão lógicas de violência e de resistência e de abertura de possibilidades de vida, que Esposito denomina "biopolítica afirmativa".

Bios/zoé, pessoa/não pessoa: o que se lê nestas operações do pensamento biopolítico é uma lógica de distinções ou cesuras que trabalham sobre uma premissa fundamental: corpo e subjetividade nunca se superpõem, do mesmo modo que população e cidadania tampouco coincidem: os modos do poder, diz a biopolítica, passam justamente por esse excesso, isso irrepresentável, inassimilável, o resto que é a linha de sombra dos corpos, o que não termina de ser individuado, identificado e humanizado, porque é em torno desse limite que se gerem as decisões entre o fazer viver e o abandono, entre as vidas por proteger e as vidas por desamparar. Essa linha é a que se traça sistematicamente a partir do animal, do animalizado e da vida animal como seu ponto de tensão, de exterioridade.

Uma consequência é decisiva aqui: não há sociedades nem, provavelmente, subjetividades que não tenham de enfrentar em algum momento essa decisão sobre o viver e o morrer, próprio ou alheio: desde as decisões em torno do nascimento e da reprodução até a "morte digna", em escala individual e familiar, até a administração no âmbito de políticas de saúde ou diretamente de políticas macroeconômicas, a decisão em torno da temporalidade da vida e da morte, as condições e dispositivos de proteção e de abandono permeiam e definem em grande medida a vida dos sujeitos e das sociedades; ali a relação política ou politizável, sempre móvel, incerta, com essas vidas cuja morte não constitui delito traça um vetor crucial do político e do ético. A distinção entre o fazer viver e o deixar morrer, entre a pessoa, a quase pessoa e a não pessoa define em grande medida nosso campo de experiência, ali onde a vida de nossos corpos e a vida de nossas subjetividades se expõem em sua inseparabilidade ao mesmo tempo que nunca coincidem de todo: essa dissimetria, esse deslocamento é o terreno mesmo das biopolíticas contemporâneas; esse terreno é o que se inscreve e se responde a partir das inscrições do animal na cultura.

Entre o fazer viver e o umbral móvel da *zoé* se traça assim uma paisagem ou horizonte complexo, proliferante, de gradações e ambivalências entre corpos e entre modos do viver e do morrer; corpos que expressam a plenitude do vivente e a norma da potência coletiva em face de outros que, em contrapartida, traçam o umbral da não pessoa, do morto-vivo, do espectro, ou da vida reduzida à sua expressão mínima, a vida que se pode consumir, explodir, constituir em *coisa vivente* etc. Esse horizonte de tensões entre corpos, de marcações de hierarquias no interior de um *bios* que se torna arena de diferenciações políticas é o terreno compartilhado sobre o qual têm lugar os textos e as leituras que se levam a efeito neste livro; a partir daí permitem imaginar novas especificações das relações entre cultura e política. Justamente porque as distinções entre *bios* e *zoé*, entre pessoa e não pessoa, entre modos de subjetividade socialmente reconhecíveis e as forças pré-individuais, impessoais do vivente são distinções móveis, flutuantes, que têm lugar sobre dimensões mutantes (a sexualidade, a doença, a classe social, a raça etc.), é que a cultura trabalha, contesta e problematiza os modos como se traçam essas distinções, e contrapõe epistemologias alternativas a toda diferenciação nítida, irrevogável, entre *bios* e *zoé*. Abre um campo de experimentações formais, mas que podem ser ao mesmo tempo éticas e políticas, em torno desse terreno em que a vida se torna um umbral de politização: disputa e pluraliza, assim, sentidos do que significa "fazer viver" (onde e como se expressam a plenitude e a potência da vida, que modos da comunidade fazem viáveis distintas possibilidades do fazer viver, como se articula potência vivente e ética do morrer etc.) e, ao mesmo tempo, problematiza e desafia distribuições normativas, e sistematicamente violentas, entre pessoa e não pessoa, elaborando epistemologias alternativas onde se impugna essa distinção que é essencial ao biopoder: a cultura se torna ali um terreno da "biopolítica afirmativa" de que fala Esposito, ou onde se imaginam e se pensam formas de vida que eludam a cumplicidade ou a colaboração com os regimes de violência que ditam essas hierarquias ao interior do vivente. Estes percursos da cultura, então, como um campo de experimentações em torno do *bios*, como terreno onde se elaboram alternativas à matriz biopolítica que lhe dá forma à vida: essa é uma das políticas da cultura do presente, ali é onde cultura e biopolítica se enlaçam e se enfrentam de modo explícito – e onde se redefinem os limites mesmos do que entendemos por "cultura".

Bios/zoé, pessoa/não pessoa, humano/animal

Por que o animal? Por que a "vida animal" na cultura? A vida animal mapeia, dizíamos, esse terreno em que se jogam e se contestam distinções biopolíticas específicas. Há, no entanto, outras categorias que fazem o mesmo: "máquina",[9] "espectro",[10] "monstro",[11] para mencionar algumas. E, de fato, veremos como o animal se conecta com muitas dessas noções para armar territórios de contestação e de invenção de corpos e de afetos. No entanto, gostaria de sublinhar dois poderes críticos da "vida animal" que são os que, em grande medida, organizam os temas que este livro quer percorrer.

1) Por um lado, os materiais com que trabalha o livro levam a efeito uma operação-chave: deslocam a oposição humano/animal, que é uma oposição que se quer *ontológica*, e que aponta sobretudo para definir o especificamente humano por oposição ou segregação do animal,[12] para funcionar mais perto de distinções biopolíticas (pessoa/não pessoa, *bios/zoé*), quer dizer, de uma oposição arbitrária, móvel, reversível e flutuante. São textos em que a distinção normativa – moderna e civilizatória – entre o humano e o animal é deslocada por linhas de continuidade, contiguidade, passagem e ambivalência entre corpos humanos e animais – isso que Deleuze e Guattari pensaram em termos de "devir" e que aponta para uma desontologização pragmática, prática (por via de agenciamentos e de alianças) do "humano" (DELEUZE e GUATTARI, 1998). Poderá se objetar com razão que a distinção humano/animal sempre foi instável, instância de ambivalência, deslocamentos e desconstrução; que o deslizamento permanente de seus termos faz parte da constituição mesma da oposição (DERRIDA, 2006); mas essa instabilidade inerente à oposição humano/

animal pode ser usada de distintas formas pela cultura e no âmbito de diferentes gramáticas simbólicas e históricas. Os materiais com que quero trabalhar, e a periodização - muito porosa, aliás - que quero sugerir, falam de um novo uso, de uma nova inflexão da ambivalência constitutiva do humano e do animal. Nessa inflexão, a oposição ontológica entre humano e animal, que foi uma matriz de muitos sonhos civilizatórios do humanismo, é substituída pela distribuição e pelo jogo *biopolítico*, quer dizer, arbitrário e instável, entre pessoa e não pessoa, entre vidas reconhecíveis e legíveis socialmente, e vidas opacas à ordem jurídica da comunidade.

O animal como artefato cultural nos permite pensar essa passagem, que é talvez um dos vetores decisivos da relação entre cultura e biopolítica.

Por que este deslocamento nas retóricas da cultura em torno do animal é chave para o pensamento biopolítico? Porque, por um lado, evidentemente, nos permite interrogar, a partir das gramáticas formais da cultura - os modos como a cultura dá forma ao real - a evidência do humano: os modos como o "humano" se faz legível e reconhecível socialmente (se pensamos em *O beijo da mulher-aranha*, nos textos de João Gilberto Noll, podemos entender rapidamente o desafio que a partir do estético lançam para as gramáticas que definem a cada momento o que é um corpo humano, quais são as normas de sua legibilidade pública: a partir do *queer*, esses materiais impugnam uma norma do humano como figuração estável).

Ao mesmo tempo, creio que a potência crítica destes artefatos animais da cultura passa também por outro lado: interrompe o pressuposto de que a vida humana é uma "natureza" e que como tal é o índice absoluto e incontestável do que conta como "pessoa", como vida por respeitar, por proteger e por potenciar. À diferença da distinção humano/animal, que atribui propriedades e distribui direitos e exclusões a partir dessa atribuição e dessa hierarquia de naturezas, a biopolítica ilumina configurações em que a vida, o vivente, não é imediatamente traduzível ou expressável através do humano, e faz dessas configurações (e não de essências ou naturezas originárias, dadas) o campo de politização. É um universo de corpos, de viventes – com suas alianças, seus antagonismos e seus afetos –, um campo de forças e intensidades pré-individuais e impessoais o que emerge como instância de politização nos materiais que me interessam, mais que o desenho persistente do humano em sua diferença com respeito a seus outros. O animal da cultura, a "vida animal", ilumina esse campo de corpos viventes em sua distância ou em seu deslocamento com respeito ao humano: pessoa/não pessoa (ou *bios/zoé*) deixa de superpor-se a humano/animal; a "vida" – enquanto "vida que conta" política e culturalmente – deixa de ser imediatamente "vida humana": os animais da cultura armam epistemologias, ordens formais, universos de sentido que respondem a essa condição do político.

2) Há outra razão por trás desse interesse no animal e na inscrição que fez a cultura dos animais. Se pensarmos em textos como *O beijo da mulher-aranha*, em que o animal está sempre já mediado por dispositivos técnicos que vão desde o zoológico até o cinema, ou nos ratos urbanos de Copi, em que os ratos fazem "cidade", não é difícil observar uma regra persistente: *a da extenuação, talvez definitiva, da Natureza como referência do animal* na cultura, como fundo ou entorno no qual o animal se fez inteligível durante uma secção decisiva da modernidade cultural.[13] Esse, como veremos, não é um detalhe menor: as retóricas do selvagem, do indômito, desse fora da natureza e do instinto que se fizeram em torno da vida animal – e que produziram essa figura prolífica, sistemática da cultura moderna latino-americana: o bárbaro –, essas retóricas que sem dúvida foram sempre instáveis e móveis e que traçaram uma topologia política em permanente disputa (cf. RODRÍGUEZ, 2010) encontram nos materiais que se percorrem neste livro uma inflexão de encerramento e de reinscrição. E com isso o que se encerra é essa distinção que foi central nos mecanismos ordenadores dos imaginários civilizatórios modernos: a distinção entre natureza e cultura, a exterioridade radical e ao mesmo

tempo constitutiva, o antagonismo perpétuo entre um universo natural – o reino dos instintos, as forças ingovernáveis, a violência e a guerra incessante – e a ordem civilizatória, que é o reino de uma humanidade gerada nas gramáticas europeias e capitalistas, e que responde à ordem de dominação do animal e da natureza própria do humanismo. O animal, que, como veremos, foi chave nesse ordenamento de territórios e de corpos, gira sobre si mesmo e reaparece sob um novo ordenamento em que a natureza deixa de ser um exterior insondável e onde as pedagogias civilizatórias e normalizadoras – que foram um horizonte de muitas definições e políticas da cultura na América Latina – debilitam-se para abrir campo para outras políticas e outras pedagogias em que o animal ou a relação com o animal e com o vivente começa a ser decisiva.[14]

As operações da biopolítica, então, não só reescrevem e deslocam a oposição humano/animal, mas também a oposição que lhe é complementar, natureza/cultura. É nesse terreno ou solo transformado que têm lugar as apostas estéticas, culturais e políticas que quero ler ao redor da "vida animal".

Do animal ao vivente

Um gesto comum atravessa os materiais que se percorrem no livro: o que faz com que o animal perca muito de sua natureza figurativa e de sua definição formal, e se torne antes uma linha de desfiguração: menos a instância de uma forma reconhecível, de um corpo diferenciado e formado, que um umbral de indistinção, um corpo de contornos difusos e que conjuga linhas de intensidade, de afeto, de desejo que não se reduzem a uma, por assim dizer, "forma-corpo". Menos, pois, a instância de "representação" que a de uma captura de forças, o animal nestes textos parece exceder e eludir toda figuração estável – transformando-se numa instância que, a partir da corporalidade mesma, protesta contra toda figuração, forma, representação,[15] e reclama modulações e registros estéticos que permitam captar e codificar *isso* singular que passa entre os corpos e que resiste a toda classificação e a todo lugar predefinido. Trata-se, então, de pensar os modos como o animal transforma as lógicas de sua inscrição na cultura e nas linguagens estéticas, interrogando, ao mesmo tempo, uma reordenação mais ampla de corpos e de linguagens da qual essa nova proximidade do animal dá testemunho. Em outras palavras, trata-se de ver como a redefinição do animal ilumina "retóricas" do corporal e do vivente mais amplas que, por sua vez, refratam uma imaginação biopolítica dos corpos.

O animal perde a nitidez de sua forma; perde, por assim dizer, contorno; fundamentalmente, o animal deixa de ser a instância de uma "figura" disponível retoricamente, de um tropo (tal foi sua "função" cultural ou estética fundamental)[16] para tornar-se um corpo não figurativo, e não figurável, uma borda que nunca termina de formar-se: *o animal remete menos a uma forma, a um corpo formado, que a uma interrogação insistente sobre a forma como tal, sobre a figurabilidade dos corpos*. A crise da forma-animal é, assim, uma crise de certas lógicas de representação e de ordenação de corpos e de espécies. A barata de Lispector, como se recordará, é a instância de uma perda de forma: uma forma corporal rota, quebrada, a partir da qual emerge uma substância corporal, uma matéria para a qual não há nenhuma forma estável, nenhum limite, nenhuma demarcação, e que exige outra concepção da forma. Ali não há distribuição simples entre humano e animal (tampouco apagamento de sua diferença), mas uma multiplicação de zonas de vizinhança e de troca que não se deixam capturar sob os modelos prévios de "vida animal" e "vida humana." Trata-se sempre de um umbral de relação entre corpos e entre espécies (e que põe em questão a noção mesma de "espécie") que se constitui em matéria estética. Dito de outro modo: a forma-animal começa a estar menos disponível nos repertórios da imaginação estética, torna-se menos verossímil, promete menos sentidos, perde força formal. Em seu lugar, aparecem novas *políticas* e *retóricas do vivente* que exploram esse umbral de formas de vida e de agenciamentos que começam a povoar as linguagens estéticas e a interrogar a partir daí a noção mesma de corpo, as lógicas sensíveis de seu "lugar", os modos de sua exposição e de seu desaparecer.

Esse debilitamento ou essa crítica mesma à forma-corpo ressoa com outro deslocamento que tem lugar a partir da reflexão biopolítica, e que convém sublinhar. Se, por um lado, há todo um percurso do pensamento biopolítico que se conjuga ao redor do corpo, de seu controle, de sua gestão e disciplinamento (em uma linha de clara ascendência foucaultiana, sobretudo na análise das tecnologias disciplinares), nas últimas décadas assistimos a uma nova ênfase na noção de "vida": desde a "nuda vita" de Agamben ou das *grievable lives* de que fala Judith Butler até a vida como imanência em Deleuze ou a "política da vida" (*life itself*) de Nikolas Rose. Esse deslocamento de vocabulário (quanto ao resto tão diverso) indica, talvez, a orientação de certas preocupações críticas com a reflexão sobre a vida ali onde põe em crise o terreno mais ou menos demarcado, individuado ou individualizável do corpo e onde emerge esse domínio mais impreciso, que não se contém no corpo ao mesmo tempo que não existe fora dele. Essa vida não é nunca "individual", não se joga em torno de um princípio formado, mas é sempre um complexo de forças, espaçamento e relação. Existe entre o material e o imaterial, entre o orgânico e o inorgânico, o atual e o virtual, e não termina de realizar-se num corpo. Essa dimensão é a que aparece como horizonte contra o qual se recortam os animais desfigurados, informes, esses viventes sem nome que são trabalhados nos materiais que compõem o percurso deste livro.

Isso explica a heterogeneidade de materiais que se percorrem no livro, que inclui desde textos já clássicos da literatura da segunda metade do século XX até outros mais recentes; identifica nós de condensação de sentidos sobre o animal junto a linhas ou séries que atravessam percursos mais vastos; trata-se, enfim, de pensar como a cultura, a partir de zonas muito diversas, mobilizou a questão animal a partir de problemas muito diferentes e em direções múltiplas, e como a partir dessas operações ajuda a pensar e a intervir nas lógicas biopolíticas que definem muitas paisagens do presente.

Escritas do *bios*: a vida de um "eu", a vida de um animal

Pode-se pensar o questionamento da vida animal na cultura contemporânea em contraste com uma das conversações críticas mais produtivas e insistentes nos últimos anos na crítica: a que girou em torno das chamadas "escritas de si", de textos e materiais que iluminam a nova centralidade do íntimo e do autobiográfico nas práticas estéticas (GIORDANO, 2006). Em suas formulações mais interessantes, essas "escritas de si" se disputam ao redor de uma evidência formal: aquela que nos recorda que a vida é irredutível a um eu, que esse *bios* que o impulso autobiográfico quer sempre reapropriar sob o signo de uma subjetividade – uma assinatura, uma "pessoa" no sentido teatral e jurídico do termo – se revela insubmisso. Essa descoberta marca todo um percurso desde os anos 1970 até o presente, desde *Em breve cárcere*, de Molloy, até as "escritas de si" mais recentes, como as de Pablo Pérez, Paloma Vidal, Fernando Vallejo, entre muitos outros. Essas escritas, como foi assinalado, trabalham com uma intimidade que se revela enganosa: o íntimo é menos o espaço de reapropriação da vida por parte do sujeito que uma dobra da qual essa interioridade se abre para intensidades e afetos impessoais, comuns, ou em todo caso não atribuíveis a um eu.[17] O que conta nelas é a interrogação sobre essa "matéria de vida" cujo estatuto foi posto em questão, e cuja natureza – entre o corpo, a cultura e a experiência – deixou de ser o fundamento pressuposto da subjetividade; por isso se torna instância de investigação e de interrogação. São escritas que nascem da verificação de que a vida já não se pode resumir ou conter no formato do indivíduo: como se a cultura houvesse descoberto que a noção de "vida própria" se tornou insustentável, e por isso necessitaria elaborar outros modos de registro, de captura, de percepção e de reflexão sobre o vivido; toda vida, parecem dizer esses textos, é alheia, mas ao mesmo tempo íntima. Essas escritas não dão, assim, somente testemunho de um eu ficcional, performativo, que se oporia a um sujeito ontológico e à sua capacidade de verdade; tampouco dão conta da construção de "novas identidades"; dão sobretudo a razão da impossibilidade de determinar o *bios* em torno da figura de um eu. Fazem do eu menos a instância de uma demarcação interior, uma topografia do privado, que uma zona de fluxos e de passagem: um umbral entre uma enunciação e uma vida que excede toda apropriação. A partir da linha das escritas de si, então, a relação entre literatura e vida é uma relação de dissimetria, de não coincidência; o vivido nunca coincide com o sujeito da memória, e o "eu" é, paradoxalmente, o mecanismo ou o instrumento para pensar essa defasagem.[18]

Os materiais e as leituras que compõem este livro vão em direção diferente e, em grande medida, complementar: pensam a vida em termos de corpos, de materialidade biológica, de organismos e forças e intensidades vivas; põem em cena a relação entre um "vivente" e a escrita. São a saúde e a doença, a sexualidade, a fome, o corpo ante sua sobrevivência: modos do viver e do morrer dos corpos *enquanto tais*. Se as "escritas de si" pensam a partir do encontro dissimétrico entre *autos* e *bios* entendido como experiência vivida, estas escritas trabalham sobre a incomensurabilidade, o abismo entre o sujeito e seu corpo, entre a pessoa e seu ser vivente – e exploram o que nessa incomensurabilidade testa os limites do humano e desfaz o rosto da pessoa. Nestes percursos, *literatura e vida se enlaçam sob o signo do animal*: do rumor, do afeto, do impulso do animal que habita os corpos. A escrita ensaia modos de relação com isso que traça os limites do humano, e o faz, como assinalado antes, a partir de uma crise formal que aponta para o "vivente": o animal perde forma, torna-se um contorno indeterminado, mutante, aberto; ilumina corpos irreconhecíveis, potências corporais e forças sem nome, no limite mesmo da espécie humana, em zonas de indeterminação entre espécies e entre corpos. "Eu diria ser um plano acéfalo...", escreve Noll: trata-se de biologias abertas, de corporalidades cujo ter lugar mesmo se torna instância de interrogação; ilumina o encontro com potências orgânicas, com forças opacas, que retraçam constantemente os contornos dos corpos e mapeiam seus campos de relação e de devir: o desejo, o afeto, a sensação, a pulsão, o que arrasta a consciência para sua linha de sombra que é aqui também sua linha de criação. Impessoal, assignificante, neutro: o rumor do vivente nas alternativas da sexualidade, do desamparo, da doença; disso falam os animais que aparecem, como figuras incertas, em muitos textos da literatura recente. Essa vida é uma zona de indiscernibilidade entre *bios* e *zoé* – o ponto em que, como diz Esposito, já não se pode traçar essa distinção (ou onde a distinção mesma se revela incompreensível para nossa época); tal é o umbral que as escritas interrogam pela via desta vida animal que emerge no coração do próprio.

Estes dois vetores – a vida não *pessoal* do sujeito, a vida animal do corpo –, então, parecem iluminar algumas das investigações mais significativas da cultura contemporânea; sua recorrência indica que se está pensando algo mais de fundo: os sentidos de um *bios* que já não coincide com o "eu", mas tampouco com os nomes e as formas do humano; esse campo de problematização parece desdobrar esse solo, que é também o das linhas de criação, disso que chamamos "o presente": a "imaginação biopolítica" do contemporâneo. Se o lado do "eu", do "auto/*bios*" foi abundantemente explorado, o lado do animal requer mais atenção: trata-se de pensar suas genealogias e suas séries, e a uma só vez de demarcar a máquina de leitura que o torne uma categoria produtiva. Tal é, pois, o percurso que quer levar adiante este livro.

Outras biopolíticas

Estas interrogações vão ao coração do pensamento biopolítico. A biopolítica sempre funcionou, em grande medida, como uma reflexão sobre os modos como se constituem e se "produzem" politicamente a subjetividade e a comunidade dos homens a partir de uma gestão dos corpos e da vida: em seu aspecto positivo, pensa como o controle e o disciplinamento de corpos produz normas de vida que tornam reconhecível o indivíduo ou a pessoa humana, na linha que vai da pastoral de Foucault à análise da governabilidade;[19] em sua face negativa e excludente (mas claramente complementar à anterior), pensa os modos em que se traçam essas "cesuras" pelas quais, a partir da raça, da sexualidade, da doença, da classe etc., se definem hierarquias entre corpos e entre formas de vida; em ambos os casos, a biopolítica diz que o humano se constitui politicamente a partir de uma gestão dos corpos – e que, portanto, se trata de uma política da corporalidade, da corporização, que faz do corpo e da vida um terreno sobre o qual se estampam normas e formas de vida normativas (GIORGI: RODRÍGUEZ, 2007). É ali que a cultura trabalha epistemologias, saberes, sensibilidades alternativas a partir do animal: justamente porque a partir desse umbral é possível imaginar outros modos de relação com o corpo e entre corpos, e outras políticas do vivente que não reponham essa matriz imunitária e sistematicamente violenta do indivíduo (neo)liberal, capitalista, proprietário, seu corpo privatizado e conjugalizado, constituído no princípio de inteligibilidade da vida humana, na norma do humano.

Esse é o terreno onde a cultura ensaia modos alternativos de perceber, significar e tornar inteligíveis os corpos; é ali que a questão animal adquire sua relevância.

As retóricas e políticas do animal e do vivente que me interessam apontam para outros vocabulários e outras semânticas em que o vivente não é um fundamento objetivável, funcional e mensurável,[20] mas o campo – para citar Foucault uma vez mais – do erro, do experimento aberto e contingente, do devir; o vivente menos como propriedade do humano e como sede de sua autonomia do que como linha de agenciamento diverso, sempre já em relação a outro corpo, sempre já coletivo, umbral de multiplicidade: como virtualidade e como falha experimental. O vivente, o *bios*, pois, menos como objeto de apropriação, de privatização de que surge o indivíduo do que como umbral de criação de modos do comum entre corpos e entre espécies. Mas sobretudo – e eu gostaria de insistir nisto – aqui a questão com o vivente funciona como operação formal: como formas de percepção, de sensibilidade e de visibilidade sobre os corpos. Formas que trabalham uma nova instabilidade do animal, exploram os registros sensíveis de seus contágios, localizam novos lugares para sua emergência, os quais necessariamente põem em suspenso todo pressuposto sobre a vida humana como "forma de vida" biologicamente predeterminada, evidente, dada, pressuposta, que organizaria a vida social, e que seria, implicitamente, o centro hierárquico de toda ordem política. Uma repartição ou distribuição do sensível, como diz Rancière: uma luz inédita sobre os corpos. A imaginação estética e cultural revela nesse espaço de respostas uma de suas destrezas e de suas capacidades mais insistentes: a de ser um laboratório dos modos de ver, de perceber, de afetar os corpos onde se elaboram outros regimes de luz e de sensibilidade que constituem outra compreensão do que é um corpo, do que pode, e sobretudo do que acontece entre corpos: do que se inventa entre eles, o laço comum que surge na imanência de sua relação, o espaço comum que se cria nos agenciamentos entre corpos, essa "cosmopolítica" de que fala Viveiros de Castro (2010) na qual o social não se reduz nunca de todo ao exclusivamente humano, mas se abre para a heterogeneidade do vivente, para um *bios* que não é nunca inteiramente redutível ao humano. O animal é chave nessa reflexão, porque funciona como antídoto contra toda recuperação humanista ou humanizadora: sob o signo da vida animal, os corpos não podem esconder o fato de serem viventes, sua feitura orgânica, isso que nos corpos torna irreconhecível o humano, e o arrasta para além de seus nomes próprios. O rastro do animal – a via do animal – na cultura é a linha do Impensado; a partir desse desafio da linguagem (que é também um desafio à linguagem), arrasta-nos para outras figurações do vivente nas quais se imagina menos uma "política da diferença" do que políticas múltiplas, contingentes, não humanistas do comum.

NOTAS

1. Cary Wolfe trabalhou esta noção-operação em torno do que ele denomina o "discurso da espécie", entendido como o regime de discurso - filosófico, cultural, político - que formaliza e legitima a distinção pela qual o animal se identifica como "vida sacrificável", e que funciona como condição para a emergência de uma humanidade propriamente dita. O sacrifício do animal (e do animal no homem) é, assim, inerente à lógica de violência que se subtende à distinção hierárquica entre humano e animal. Ver *Animal Rites. American Culture, the Discourse of Species and Posthumanist Theory* (2003) e sobretudo *Before the Law. Humans and Other Animals in a Biopolitical Frame* (2012).

2. Esta indagação atravessa muitos percursos críticos recentes. Andrea Giunta, em um de seus livros, pergunta-se: "O que é que produziu o desbloqueio de uma noção como biopolítica fazendo dela um campo fértil para pensar novos processos da criatividade artística? (...) Considerar o novo", acrescenta, "a partir da noção de biopolítica habilita a passagem da simples descrição da mudança a uma de suas possíveis formas de conceitualização" (2010, pp. 15-16). Florencia Garramuño, por seu lado, também interroga a questão da pós-autonomia em relação a uma reconfiguração que tem lugar sob o signo de uma "opção biopolítica" (2009, p. 65).

3. Ver Nikolas Rose, *The Politics of Life Itself* (2007); e Thomas Lemke, *Biopolitics. An Advanced Introduction* (2011).

4. Em uma discussão muito aguda e de vasto alcance, Fabián Ludueña Romandini privilegia a noção de "zoopolítica" - antes que a de "biopolítica" - para iluminar as instâncias de cruzamento entre vida e política, que não

passam pela exclusão de algo assim como *zoé*, mas, ao contrário, por sua politização. Derrida, por seu lado, recorria a essa noção para sublinhar suas objeções a Agamben. Aqui prefiro usar a noção certamente mais ambígua de "biopolítica" justamente porque põe no centro do debate a instabilidade desse *bios* ali onde se torna instância de politização, quer dizer, onde se torna objeto de tecnologias de poder, mas também instância de contestação e resistência. Essa instabilidade é produtiva porque ilumina de modos mais flexíveis as operações da cultura ali onde esta mobiliza e às vezes desarticula as distinções produzidas pelas tecnologias biopolíticas e sua politização do vivente. *Bios*, neste sentido, indica menos uma semântica definida que um terreno de interrogações e desafios. Ver Fabián Ludueña Romandini, *La comunidad de los espectros. I Antropotecnia*, Buenos Aires, Miño y Dávila editores, 2010, e Jacques Derrida, *Séminaire La bête et le souverain*, vol. 1, Paris, Galilée, 2008.

5. Ver também Giorgio Agamben, "Inmanencia absoluta", em G. Giorgi & F. Rodríguez (comps.), *Excesos de vida. Ensayos sobre biopolítica* (2007). E ainda Judith Butler, *Frames of War. When Is Life Grievable?* (2009).

6. Neste ponto é produtiva a leitura que Cary Wolfe realiza sobre a distinção entre *bios* e *zoé*, sublinhando a dimensão em que, enquanto distinção biopolítica, desestabiliza a oposição entre humano e animal (por oposição ao uso muito mais fixo da noção de "animal" em muitas intervenções em torno dos "direitos animais"). Se levamos em consideração, diz Wolfe, o fato de que milhões de animais são mortos diariamente nas fazendas industriais ao mesmo tempo que as *pet industries* oferecem serviços e cuidados de animais domésticos que nossas sociedades negam a um número enorme de seres humanos, o lugar do "animal" nas distribuições entre *bios* e *zoé*, e nas políticas do fazer viver e do deixar morrer, torna-se muito mais vacilante e muito mais complexo que o que poderia assumir-se. Esse "marco biopolítico", pensando inflexões do capital global contemporâneo, é o que ele propõe contra noções mais estabilizadas em torno do animal. Interessa, nesse sentido, trabalhar a dimensão arbitrária, móvel, profundamente ambivalente que se ilumina a partir da distinção *bios/zoé*, mais que

outros usos (às vezes no próprio Agamben) em que se torna uma oposição cristalizada (WOLFE, 2012).

7. "O homem é pessoa se, e só se, é dono de sua própria parte animal, e é também animal só por poder submeter-se àquela parte dele dotada do carisma da pessoa. Aliás, nem todos têm esta tendência ou esta disposição à própria 'desanimalização'. De sua maior ou menor intensidade derivará o grau de humanidade presente em cada homem, e, portanto, também a diferença de princípio entre quem pode ser definido com pleno direito como pessoa e quem pode sê-lo só em certas condições" (ESPOSITO, 2011, p. 66).

8. Nas palavras de Timothy Campbell: "a life that merely survives" [uma vida que meramente sobrevive] (2011).

9. A referência clássica nesta direção são os trabalhos de Donna Haraway, *Simians, Cyborgs and Women: The Reinvention of Nature* (1991).

10. Ver a este respeito o livro de Fabían Ludueña Romandini *La comunidad de los espectros*, op. cit.

11. Ver o trabalho de Andrea Torrano sobre monstruosidade e biopolítica, "Por una comunidad de monstruos" (2013), e o de Daniel Link, "Enfermedad y cultura: política del monstruo" (2006).

12. Nas últimas décadas, a interrogação sobre a questão animal adquiriu uma relevância inédita na crítica cultural e teórica. Por um lado, as críticas filosóficas ao humanismo puseram o animal no centro do olhar: o "último" Derrida, naturalmente (*L'animal que donc je suis;* o seminário *La bête et le souverain* etc.), Agamben e Esposito pelo lado da reflexão biopolítica (*L'aperto. Uomo e animale e Terza persona*, respectivamente), Fabián Ludueña a partir da "zoopolítica" (*La comunidad de los espectros*), Cary Wolfe na linha do pós-humanismo (*What is Posthumanism?*), María Esther Maciel (*O animal escrito; um olhar sobre a zooliteratura contemporânea*) e Julieta Yelín ("Para una teoría literaria posthumanista") a partir da crítica literária e cultural, só para citar algumas intervenções-chave das últimas décadas. Por

outro lado, a crescente relevância dos "direitos animais" produziu um corpus crítico considerável e um campo de estudos incipiente – "animal studies" –, desde os trabalhos de Peter Singer em *Animal Liberation* até as intervenções recentes de Donna Haraway em *When Species Meet*, Paola Cavalieri em *Death of the Animal* etc. Entre biopolítica (e crítica do humanismo em geral) e "animal studies" há muitos pontos de convergência, mas talvez mais de divergência, a começar pela centralidade da questão dos direitos (e do animal como sujeito de direitos) em muitos dos vocabulários dos "animal studies", contra a aposta no político como reinvenção do comum que constitui o eixo das reflexões a partir da biopolítica. Ao mesmo tempo, a questão animal constitui um ponto de inflexão-chave no interior dos vocabulários da crítica: indica um deslocamento imparável do problema da "cultura" – e, com isso, dos debates em torno dos estudos culturais – e ao mesmo tempo demarca um horizonte de desafios potencialmente produtivos para o universo das chamadas "humanidades", que hoje parecem enfrentar um ponto-limite de sua configuração institucional. O "animal", ou a "questão animal", atravessa e desloca, assim, vocabulários da filosofia, da crítica e da esfera pública, confrontando-os com configurações epistemológicas, éticas e políticas heterogêneas: uma matriz de alteridade para a qual (e a partir da qual) há que elaborar linguagens, afetos e políticas.

13. Ver Julieta Yelin, "Nuevos imaginarios, nuevas representaciones. Algunas claves de lectura para los bestiarios latinoamericanos contemporáneos" (2008); Raúl Antelo, "Zoologías imaginarias y biopolíticas modernas" (1999, pp. 16-26).

14. Para uma discussão em torno da relação entre modernidade e distinção entre natureza e cultura, ver Philippe Descola, *Par-delà nature et culture*, 2005.

15. Florencia Garramuño analisou essa crise em termos da crise da autonomia estética e da exploração de novos registros e estatutos do estético (GARRAMUÑO, op. cit.).

16. Para uma crítica do animal como metáfora, a referência clássica é Deleuze & Guattari, *Mil mesetas*, op. cit. Ver também Rosi Braidotti, "Animals and Other Anomalies", 2012.

17. As escritas funcionam, assim, ao redor da defasagem ou desarticulação do próprio: a dobra autoafetiva e autorreflexiva que constrói a subjetividade aparece aqui atravessada por intensidades que são exteriores, coletivas, neutras; dessa não coincidência sistemática são feitas essas escritas. Talvez uma de suas formulações mais exatas (e seu antecedente mais significativo) se encontre na noção de *heterobiografia* de Carlos Correas. Ver BOERO, 2013.

18. Ressoam, neste sentido, com a problematização foucaultiana sobre a noção de *bios* em sua *Hermenêutica do sujeito*, ali onde Foucault se pergunta sobre o processo pelo qual esse *bios* começa a coincidir com o si-mesmo, mas ao mesmo tempo desnaturaliza esta identificação assinalando outros modos de entendê-lo que não se reduzam ao "cuidado de si", modos coletivos, sociais, que não necessariamente superponham a vida ao si-mesmo e seu controle, que será a matriz das tecnologias de individualização próprias do biopoder moderno. Para uma discussão sobre este momento em Foucault, ver Timothy Campbell, op. cit.

19. Um dos exemplos mais conhecidos desta linha de análise é o trabalho de Nikolas Rose *Politics of Life Itself*, op. cit.

20. Se a biopolítica, como assinala Thomas Lemke, quer fazer da vida um fator "independente, objetivo e mensurável" e "uma realidade coletiva que pode ser epistemológica e praticamente separada de seres vivos concretos e da singularidade da experiência individual" (op. cit., p. 5).

1. Os animais desaparecem: ficção e biopolítica menor

A aliança selvagem: "Meu tio o iauaretê", de Guimarães Rosa

Poucos textos tornam tão visível o lugar instável e político do animal na cultura moderna quanto "Meu tio o iauaretê", de Guimarães Rosa. Escrito por volta de 1950, o texto de Guimarães traça ao redor do animal - ou melhor, da comunidade entre humano e animal - um arco de posições e de tensões a partir do qual se leem as relações entre cultura e biopolítica em meados do século XX: faz do animal um foco de intensidades a uma só vez estéticas e políticas. No texto de Guimarães Rosa o animal tem lugar sob um signo duplo: o da resistência ao ordenamento econômico e biopolítico dos corpos na modernidade (a ordem hierárquica de raças, classes e espécies sobre a qual se projeta uma ideia de nação moderna) e o de uma comunidade alternativa cuja exterioridade passa justamente pela aliança entre animais e humanos, e que a partir dessa aliança se faz inassimilável à paisagem do Estado-nação. Desloca uma ordem de corpos e a reconfigura a partir da aliança que traça. Resistência e comunidade: a questão do animal em "Meu tio..." lê-se sob essas duas coordenadas que se condensam no relato de uma rebelião. Ele verifica a partir do animal o ordenamento biopolítico e disciplinar dos corpos, e registra as potencialidades que se abrem a partir dali: portanto o texto de Rosa é inevitável ao se pensar interseções entre cultura e biopolítica.

"Meu tio..." foi lido como um antecedente, mas também como o avesso de *Grande sertão: veredas*: escrito antes que o grande romance de Guimarães, responde à mesma estrutura formal em que um narrador "local", sertanejo, conta sua história ante um interlocutor que permanece em silêncio, e que vem do mundo civilizado, urbano, letrado. Se em *Grande sertão* esse narrador é o *jagunço*, o bandido do sertão que haverá de converter-se em fazendeiro, em "Meu tio..." o narrador é um caçador, mestiço (sua mãe é indígena, seu pai branco), pobre, desocupado, sem lugar na ordem social, racial e econômica da nação moderna, e que, diferentemente de Riobaldo, não se transformará num indivíduo disciplinado. Diz o narrador:

> "Nhô Nhuão Guede trouxe eu pr'aqui, ninguém não queria me deixar trabalhar com os outros... Por causa que eu não prestava [...]. Prestava mesmo não, sabia trabalhar

direito não, não gostava. Sabia só matar onça. Ah, não devia!" (ROSA, 2009, p. 187).

Este "bom para nada", o inútil e o marginal, é empregado pelos fazendeiros do sertão para exterminar onças, que representam uma ameaça para sua expansão econômica sobre o território: estamos, então, no cenário do avanço da apropriação da terra para o capital, para o qual as onças representam um obstáculo. O narrador dirá que o contratam "para desonçar este mundo todo"; trata-se, pois, de um extermínio, para abrir o terreno para o capital.

Este narrador não tem nome (ou, o que é o mesmo, tem vários nomes, que em muitos casos tem a ver com empregos temporários), não pertence à comunidade indígena, que aparece como vestígio e como passado mítico e como memória afetiva da mãe, mas não como espaço de pertença viável; e tampouco pertence à ordem moderna, que o exclui e o termina enviando para exterminar onças no sertão. Esse personagem sem comunidade, o que não é ninguém, o anônimo (que se lê no revés do cidadão e do indivíduo produtivo, quer dizer, das figurações das subjetividades normativas), esse corpo insignificante e sem lugar abriga, no entanto, as linhas de indeterminação a partir das quais se abrirão outros modos de filiação e de afeto que a passagem anima. Efetivamente, esse "bom para nada" que, aparentemente, só serve para exterminar pode, no entanto, mudar de posição: depois de matar várias onças, o narrador rebela-se contra seus empregadores e começa a entregá-los a suas antigas vítimas para que os devorem: *eu oncei*, diz o personagem, que se reconhece em comunidade e em filiação com as onças e em seu território. O motivo desta transformação é duplo: por um lado, seu amor por uma onça fêmea; por outro, sua convicção de ser descendente de onça (diz que seu tio é uma onça, reinscrevendo o universo da filiação) e, portanto, de ser ou de converter-se em uma delas. Uma aliança filiatória e desejante com as onças que se resolve como rebelião: o devir animal do humano como foco de uma revolta – que é também o foco de uma comunidade potencial – contra uma ordem a uma só vez econômica e política que se expande, coloniza e reduz a vida dos corpos a recurso e a mercadoria; ordem que a uma só vez traça uma hierarquia racial entre brancos, negros e índios na qual o narrador, como mestiço, não tem lugar (a mestiçagem aqui, como veremos, não é síntese, mas, ao contrário, heterogeneidade e divisão) e contra o qual se rebela através de sua aliança com os animais.

A história da aliança e da rebelião, e do devir-animal do narrador, será encerrada violentamente: no final do relato terminará matando-o com seu revólver, encerrando uma configuração narrativa, uma voz oral e o espaço mesmo de um tipo de relação entre o humano e o animal. O interlocutor silencioso da narrativa – figura enigmática, profundamente ambivalente, à qual quero voltar mais adiante –, o narratário que escuta o relato e cuja voz não escutamos salvo nas réplicas que o narrador oferece a suas perguntas, à medida que avança o relato vai dando sinais de crescente alarme ante este narrador que diz transformar-se em onça, que esteve bebendo cachaça (que o visitante mesmo lhe proveio) e que está interessado em muitos de seus pertences (como o relógio e, sobretudo, o revólver). No final, a um gesto ambíguo do narrador ("Oi: deixa eu ver mecê direito, deix'eu pegar um tiquinho em mecê, tiquinho só, encostar minha mão" [ibidem, pp. 197-198]) reage violentamente e termina matando-o de um tiro: o relato finaliza com as últimas palavras e o último grito do narrador. A história do caçador que devém onça, que é também a ocasião de uma resistência e de uma comunidade alternativa (e de uma língua oral e uma enunciação menor, como veremos em seguida), encerra-se com uma morte violenta, cujo sentido final é indeterminado (não sabemos com certeza os motivos do interlocutor para matar o narrador), mas que em todo caso suprime a configuração alternativa que se conjugava em torno desse narrador, de sua cultura oral e de sua aliança com os animais. O texto de Guimarães verifica e cancela, abre e arquiva essa voz e essa comunidade alternativas: narra a uma só vez sua possibilidade e sua impossibilidade, e faz da ficção a instância dessa ambivalência.

Essa rebelião contra os fazendeiros é também (e isto é inseparável do dito anteriormente) uma rebelião na língua: o texto de Rosa é legendário porque – como o notou logo Haroldo de Campos (1992) – trabalha, aminora o português mesclando-o com o tupi-guarani, criando sínteses linguísticas e pondo em variação radical a ordem da língua dominante; mas ao mesmo tempo, cruza essa língua menor com onomatopeias animais, com a voz animal, tensionando não só a língua maior mas a linguagem mesma em direção a uma materialidade no limite do sentido que passa pelo oral:

> Mecê tá ouvindo, nhem? Tá aperceiando... Eu sou onça, não falei? Axi. Não falei – eu viro onça? Onça grande, tubixaba. Ói unha minha: mecê olha – unhão preto, unha dura... Cê vem, me cheira: tenho catinga de onça? Preto Tiodoro falou eu tenho, ei, ei... (ROSA, ibidem, p. 197).

Em torno do animal, então, um ordenamento alternativo de corpos e filiações, e uma língua oral e menor (e uma relação outra com a linguagem): o texto de Guimarães explora um espaço onde se suspende uma "ordem de individuações" a partir da aliança com o animal para opor-lhe a potencialidade de uma comunidade alternativa, de outra ordem de corpos, de linguagens e de sentidos; essa é a política de sua ficção.

Uma natureza instável: sentidos do "devir"

"Meu tio..." foi lido como um exemplo nítido do "devir animal" teorizado por Deleuze e Guattari: zona de indeterminação entre espécies e linha de fuga com respeito a uma ontologia do humano (MARQUES, 2007). O procedimento formal do texto em torno do animal ressoa, sem dúvida, com o tema do devir animal, sobretudo porque, na medida em que só escutamos a voz do narrador, sua enunciação trabalha a partir desse exercício sobre o imperceptível e o indiscernível que Deleuze e Guattari associavam ao conceito. No entanto, o texto de Guimarães conjuga dimensões mais específicas em torno do tema do devir, porque o faz jogar no terreno de tensões próprias do moderno ali onde é atravessado por alteridades múltiplas – raciais, linguísticas, de espécie –, traçadas em cenários de colonialidade. "Meu tio..." declina e precisa sentidos do "devir" de Deleuze e Guattari justamente porque ilumina uma configuração alternativa do moderno que mobiliza relações coloniais e as radicaliza em relação ao animal; reinscreve saberes e tradições indígenas nas linhas de desterritorialização de corpos próprias da modernidade.

O trabalho de Eduardo Viveiros de Castro sobre a mitologia tupi-arauetê mostra como, em tal cosmovisão, a relação com o animal, especialmente a onça, tem lugar no horizonte do que Viveiros chama "multinatureza": um universo que exclui a "coisa em si", feito de multiplicidades relacionais, e portanto de umbrais ou limites onde as substâncias, as entidades, os corpos se relacionam, se comunicam e/ou divergem entre si. Não é a natureza objetivada da modernidade, nem a natureza animista (isto é, atravessada por um "mesmo" espírito ou alma); o multinaturalismo é uma multiplicidade de pontos de vista em linha de variação: uma "epistemologia constante e ontologia variável"; não afirma uma "variedade de naturezas", mas "a naturalidade da variação, a variação *como* natureza" (op. cit, pp. 56-58).

O narrador de "Meu tio..." evoca essa epistemologia: constrói uma enunciação em que o ponto de vista oscila entre o universo humano e o animal, posicionando-se em lugares e perspectivas múltiplas, marcando este olhar transicional e irredutível para um único universo. E, sobretudo, afirma essa posição a partir de dois modos da filiação: por um lado, a descendência, reclamando que seu tio é uma onça (traçando, assim, uma filiação rizomática, interespécie, contra a ordem racializante e capitalista – a uma só vez colonial e normalizadora); por outro, a partir de sua paixão por "Maria-Maria", uma onça fêmea que lhe perdoa a vida, momento a partir do qual decide deixar de caçar onças e rebelar-se contra os fazendeiros:

> Hum, hum. Nhor sim. Elas sabem que eu sou do povo delas. Primeira que eu vi e não matei, foi Maria-Maria. Dormi no mato, aqui mesmo perto, na beira de um foguinho que eu fiz. De madrugada, eu tava dormindo. Ela veio. Ela acordou, tava me cheirando. Vi aqueles olhos bonitos, olho amarelo, com as pintinhas pretas bubuiando bom, adonde aquela luz... [...] Ela me cheirou, cheira-cheirando, pata suspendida, pensei que tava percurando meu pescoço. [...] Mas ela só calcava de leve, com uma mão, afofado com a outra, de sossoca, queria me acordar. Eh, eh, eu fiquei sabendo... Onça, que era onça – que ela gostava de mim... Abri os olhos, encarei. Falei baixinho: – "Ei, Maria-Maria... Carece de caçar juízo, Maria-Maria..." Eh, ela rosneou e gostou, tornou a se esfregar em mim, mião-miã. Eh, ela falava comigo, jaguanhénhém, jaguanhém..." (ROSA, 2009, p. 174).

Filiação e desejo marcam as linhas desta aliança humano-animal – uma aliança, nas palavras de Viveiros de Castro, "intensiva, contranatural e cosmopolítica" (op. cit., p. 171) a partir de onde se trabalha um saber indígena em torno do laço entre corpos. Essa inscrição do saber indígena foi lida como reafirmação de uma identidade indígena derrotada contra o avanço modernizador: como resgate melancólico, e finalmente falido, de uma cultura ancestral, em que se verifica uma cosmovisão para a qual já não há lugar na ordem moderna; a morte do narrador certifica a impossibilidade do saber indígena – e de sua cultura e identidade – na nova ordem modernizadora e colonial.[1] O gesto anticolonial do texto se condensaria como visão dos derrotados; a literatura se torna ali o espaço onde essa voz em vias de desaparecimento pode ser registrada e memorializada, e onde uma identidade e uma cultura indígenas riscadas na cultura nacional podem ser recuperadas: a partir desta leitura, o narrador é o *subalterno*, aquele cuja identidade, cultura, linguagens e saberes foram riscados e suprimidos por uma cultura dominante.

Creio, no entanto, que ali convém indagar sobre os sentidos do "devir" que tão frequentemente se invocam na leitura deste texto para pensar a possibilidade de uma leitura do texto de Rosa mais próxima de uma *biopolítica* em que não se trata tanto de recuperar uma cosmovisão e uma identidade sufocada e riscada como de *mobilizar estética e politicamente* – quer dizer, de pôr em variação – *o saber indígena na paisagem transformada pela ordem moderna*. O narrador de "Meu tio..." é um personagem nitidamente moderno: é força de trabalho desterritorializada; sua história é a da transformação (que inclui a traição) de um personagem lançado, pelo impulso do capital e de sua modernidade, para uma nova vizinhança com as onças e para uma nova vida no sertão. Não repõe nem reafirma uma cultura tradicional contra essa ordem modernizadora: trabalha com seus restos, com fragmentos de uma cosmovisão fraturada que ele põe em movimento e recontextualiza; é neste sentido que demarca uma subjetividade e uma enunciação menor, isto é, um fazer variar a partir das novas regras de jogo próprias da modernidade, mais que uma reafirmação melancólica da identidade e da cultura indígena como origem e fundamento. Nisso se joga, em grande medida, a política literária de "Meu tio...": seu gesto crítico não é o de reafirmar uma cultura em vias de desaparecimento sob o avanço modernizador – uma cultura que reporia as gramáticas de uma identidade e de um saber antimoderno e anticolonial –, mas o de produzir uma *lógica de variações* a partir da qual se redefinem os modos de entender e de traçar o comum entre os corpos: *"eu oncei..."* é seu lema. Tem lugar a partir dos processos modernizadores, da expansão do capital, do disciplinamento e da exploração dos corpos, e da descoberta de novas potencialidades do vivente: é ali que inscreve a questão animal e a comunidade estratégica entre homens e animais. Essa aliança humano-animal traça menos as coordenadas de um universo indígena condenado pela sociedade moderna do que as de uma comunidade alternativa, ou melhor, de outro modo de pensar e de imaginar a comunidade que não passa pelas "identidades culturais" (e pela *diferença cultural* como modo de resistência anticolonial), mas por uma reinvenção de universos biopolíticos e por uma reconfiguração do comum e da comunidade.

Uma *biopolítica* mais que uma política da *diferença cultural*: uma política dos corpos mais que uma política das "culturas" (ou em todo caso: uma política dos corpos que inscreve e pensa a política das culturas): isso é o que se joga na aliança humano-animal de "Meu tio...". Mais adiante quero analisar a questão da língua e da linguagem, e sua relação com o barulho e a voz animal que é decisiva, naturalmente, para a construção desta enunciação menor; aqui gostaria, no entanto, de insistir em outro aspecto do "devir" animal no texto: o fato de que ilumina um universo em que as ontologias das espécies e das raças – o ordenamento colonial, humanista de corpos em raças e espécies – aqui se revelam atravessadas por uma instabilidade inerente feita de misturas que não se podem resolver em identidades (isto é: em corpos identificáveis para uma gramática de controle dos corpos e de suas energias). O narrador é um mestiço; nele, no entanto, a mestiçagem não conduz à superação de antagonismos que o discurso oficial latino-americano lhe havia projetado; ao contrário, aqui o mestiço é divisão, disjunção, dispersão de origens; o mestiço é o anônimo, o indivíduo sem nome próprio. Ele reverte os discursos da identidade racial como ontologia do corpo, e da "fusão racial" como instância de nacionalização: o mestiço é o que não tem parte na ordem social. Do mesmo modo, enquanto narrador-onça em cuja enunciação se traça a aliança entre humanos e animais, também desafia a espécie como uma natureza fixa que definiria o propriamente humano; em seu lugar, traça um universo de corpos em comunicação intensiva: diz descender de uma mescla de onças e de humanos, e se apaixona por uma onça. O narrador verifica, assim, um universo em que os corpos não só resistem aos mecanismos classificatórios e ordenadores que os identificam, mas também revelam uma variabilidade inerente: são corpos atravessados por forças de devir e de variação, que eludem toda fixação numa identidade racial ou de espécie. Esse universo é no texto de Rosa *a uma só vez* o universo moderno, em que os corpos são arrojados para novas ordens do possível pela força do capital, e o universo da cosmovisão indígena, em que não há uma ontologia naturalizada, biologizada, das identidades e das espécies. *O poder do texto de Rosa é o de haver enlaçado essas duas linhas de desterritorialização – a moderna, capitalista, e a indígena – e o de havê-las combinado para extrair delas a potencialidade de uma comunidade alternativa, na qual esses corpos atravessados por linhas de variação traçam outros modos do comum, outras lógicas de aliança e de filiação, outra demarcação do entrecorpos onde não há "indivíduos" nem "sociedade", mas laços, ordens relacionais, móveis e estratégicas entre corpos e espécies.* Dito de outro modo: o texto radicaliza a instabilidade inerente à modernidade *a partir da* cosmovisão indígena, e conjuga ao redor de ambas outros modos do comum, outra possibilidade da comunidade, e outro modo do sensível. Um comum não humanista, um comum que passa pelos corpos e pelos saberes, e que resiste à sua captura como recurso econômico e como terminal das tecnologias disciplinares: essa é a resistência que aqui vem do animal ou da aliança com o animal. O "devir" então não é a saída de um indivíduo para outra possibilidade de "suas" faculdades, ou a descoberta de novas potências de "seu" corpo: passa *entre* corpos, *é uma reconfiguração do comum* ali onde os fundamentos prévios da comunidade – as culturas, as raças, as espécies – foram radicalmente mobilizadas pela modernidade e onde os corpos foram expostos à possibilidade de novos ordenamentos. Esse comum não é originário, não é a recuperação de uma identidade perdida, de uma origem destruída; é uma alternativa à ordem modernizadora, ela mesma moderna, se entendemos por "moderno" o impulso que desafia toda ontologia e toda transcendência, e que afirma a potência imanente dos corpos, a capacidade criativa dos corpos em relação. Tal é aqui o sentido do "devir-animal": uma interrogação (e uma resposta) quanto aos modos como se expressam as potências dos corpos,

e quanto às reconfigurações do comum e da comunidade que se abrigam nelas.

O animal no texto de Rosa não funciona, assim, unicamente como o índice de uma mitologia cultural derrotada e resistente; inscreve diretamente a potência do mito – que, como assinala Viveiros de Castro, remete a uma comunicação intensa entre espécies e a outros ordenamentos de suas relações – e a põe em variação no interior de um universo moderno; faz do animal menos um totem arcaizante do que o signo de uma *biopolítica menor*[2] que responde à ordem modernizadora, suas categorias de corpos e suas temporalidades. E faz coincidir a escrita e a narração com essa biopolítica: dali extrai seu poder.

Um animal no espaço da narração

O encontro entre o narrador e o visitante em "Meu tio..." é, como em *Grande sertão*, o encontro entre dois personagens que encarnam duas posições ou dois "lados" da nação dividida no processo modernizador: escrito/oral, língua maior/língua menor, mundo civilizado/aliança humano-animal, branco/mestiço, nação/sertão etc.: é a cena que reúne o bárbaro humano-animal em sua voz menor e o civilizado tornado a norma de inteligibilidade humana (que é a que coincide com o leitor): essas são as polaridades que se articulam a partir da situação narrativa do texto. Nesse encontro não há identificação, transmissão de um legado, como será o caso – com todas as suas ambivalências – de *Grande sertão...*;[3] não há passagem modernizadora de um lado para o outro, mas, ao contrário, torna-se choque, enfrentamento e sobretudo *ininteligibilidade*: o narrador não consegue se tornar inteligível ante seu interlocutor; é puro estranhamento, opacidade, *barulho* na língua. A aliança humano-animal, a comunidade potencial que expressa, a ordem do comum que constitui não são traduzíveis à língua e ao modo do inteligível do visitante: isso é o que a cena narrativa do texto sublinha o tempo todo, e isso é o que se registra como "literatura".

O espaço do relato é o espaço de uma hospitalidade sempre ambígua (BYLAARDT, 2008, pp. 37-45), onde o narrador recebe o visitante numa choça que no entanto não reconhece como propriedade: "Isto não é uma casa", diz o narrador quando do recebe seu visitante. "Eu – toda a parte. Tou aqui, quando eu quero eu mudo. É. Aqui eu durmo" (2009, p. 411).[4] Nesse espaço *impróprio* tem lugar o monólogo do narrador, que é a instância de uma sedução narrativa em que está em jogo algo assim como um duplo engano: por um lado, o narratário (que nunca explica as razões de sua viagem: parece estar perdido, talvez doente) pede permanentemente ao narrador que continue narrando, por motivos que não são claros: procura saber sobre esse personagem, mas também evitar dormir, provavelmente porque teme o que possa acontecer-lhe com esse anfitrião que diz ser uma onça. Por outro lado, o anfitrião narra - às vezes de modo relutante - em troca do álcool que lhe dá o visitante, e presumivelmente de outros objetos do outro que ele deseja. A cena narrativa é assim a de um pacto atravessado por intensidades latentes, por suspeitas recíprocas e por uma hostilidade sufocada que constitui o texto mesmo. Nesse espaço - e isto é o que me interessa sublinhar - narrador e narratário oscilam entre o "amigo" e o "inimigo": um pode ser o amigo ou o inimigo do outro, e em nenhum momento - salvo no final - o texto estabiliza alguma dessas posições. O pacto narrativo não traça uma cena de comunicação, de acordo, de resolução de conflitos, mas, pelo contrário, remarca o tempo todo a ambivalência dos interlocutores e a opacidade recíproca de suas intenções, línguas e saberes: desloca toda fantasia de uma identidade comum, de uma comunicação da experiência e de uma tradução cultural; põe em cena dois personagens que não podem terminar de construir um espaço de legibilidade recíproca.

Cabe sublinhar neste ponto, uma vez mais, a distância com respeito a *Grande sertão*. Se, como diz Bolle, *Grande sertão* é o texto da mediação entre as "partes" da "nação dilacerada" (op. cit., p. 261) - e se a partir dali a escrita de Rosa é pensada em termos de uma modernidade do diverso, do diálogo ou do cruzamento entre heterogeneidades culturais que convivem em sua tensão, da universalidade das línguas em tradução recíproca e em fusão criadora (FANTINI, 2004) –, "Meu tio...", em contrapartida, funciona como o texto da ausência de pacto, da resistência irredutível, da impossibilidade da síntese ou da mediação. Neste sentido, "Meu tio...", como assinalou a crítica, lê-se ao avesso de *Grande Sertão*, estética e politicamente.[5] Ele desfaz a língua comum, a língua nacional, e a enche de barulhos; desbarata o pacto racial, de classe ou cultural; nunca resolve a instabilidade posicional entre os interlocutores, que podem o tempo todo ser um amigo ou um inimigo – a narração, como vimos, é esse espaço de um pacto que o tempo todo se desmente. Se Riobaldo, em *Grande sertão*, havia feito seu pacto com o diabo e a partir daí se assimila à nação (e produz literatura nacional com dimensão universal), este outro narrador faz seu pacto com onças e a partir daí se torna antinacional e anticivilizatório. Traça o lugar de uma comunidade alternativa, que, diferentemente do Riobaldo tornado a uma só vez narrador e fazendeiro, não tem lugar nos repertórios da cultura nacional nem da ordem social, e abre outro universo de filiações ilegíveis que passam pelo lado animal.

O animal em sua aliança com o indisciplinado conjuga o espaço de resistência da ordem biopolítica: outros modos de subjetivação, outros usos dos corpos, outras configurações do comum, e outras linhas de linguagem e de expressão. Se *Grande sertão* se resolve como pacto cultural entre os interlocutores – pacto de tradução cultural e de transmissão de memória –, em "Meu tio..." a situação narrativa se resolve como violência porque o pacto passa por outro lado – para o animal, e para a comunidade alternativa que não tem lugar no espaço da nação e na norma cultural das pedagogias do nacional. *O animal aqui indica que não há pacto pelo lado da cultura (como cultura nacional), mas aliança desejante e filiatória pelo lado dos corpos*: essa é a aliança que desestabiliza o pacto narrativo, e que tensiona a possibilidade mesma da "literatura".

O texto de Rosa põe em guerra duas políticas e dois ordenamentos de corpos enquanto possibilidades opostas da modernidade, e faz da ficção o ponto de registro dessa tensão, marcando com o assassinato do narrador a uma só vez o fim de um espaço oral (a voz do narrador, sua língua menor e o universo que constrói a partir daí), e ao mesmo tempo a possibilidade de sua perpetuação, seu arquivo como escrita.

Contra a civilização: nem *bios* nem *zoé*

Algo não já no "animal" como "outro" do homem, mas na aliança humano-animal que se torna inassimilável, que se constitui como ameaça para a ordem disciplinar moderna: isso é o que a uma só vez se registra e se arquiva, o que se mata e se memorializa neste relato sobre a rebelião animal. Essa aliança humano-animal é a figuração de uma indisciplina que se significou a partir do animal e que ressoa com muitos itinerários e séries culturais na América Latina que fizeram do animal e da aliança contiguidade, fusão entre humanos e animais por instância de sua ameaça mais insistente.[6] O animal assedia, de um exterior (que sempre está interiorizado, introjetado – incluído como exclusão, diria Agamben), uma ordem política, econômica e social que mede sua própria fragilidade em atenção a uma *vida selvagem* cujo espectro demarca os confins do social. O *bárbaro*, o animal com forma humana (AGAMBEN, 2002), será a figura que demarcará a uma só vez uma topografia móvel entre o interior e o exterior da vida social – injeta, invade a ordem civil com uma animalidade anterior e exterior à vida civilizada – e um corpo que desvanece as marcas do humano para deixar despontar as formas do animal: se o bárbaro é o animal que desponta sob a forma humana, é também a instância em que essa forma humana se desfaz, perde definição, se torna irreconhecível, um corpo no umbral entre a história e a pré-história, o natural e o social. Esse animal de forma humana é sempre, naturalmente, um corpo racializado: a imaginação biopolítica do século XIX e até bem avançado o XX fez da raça o *shifter* entre animalidade e humanidade; as raças, a gradação e a hierarquia racial são o terreno difuso, móvel, onde se produz politicamente e se retraça sistematicamente a diferença entre humano e animal. Animalidade e raça traçaram o perímetro maldito de uma imaginação moderna que se definiu e se legitimou em sua missão civilizatória, e que fez da reinvenção social, racial e cultural de corpos e de populações a matéria de seus sonhos políticos e a racionalidade de suas violências: civilizar é, antes de tudo, sujeitar os corpos e a vida que os atravessa a uma norma biopolítica que foi europeia, capitalista e formatada em modelos disciplinares, um *bios* definido a partir de signos raciais, culturais e econômicos e que há que produzir, reinventar, formar a partir da segregação de outras formas de vida significadas como não humanas, ou menos que humanas (BRAIDOTTI, op. cit.). O animal e os corpos racializados habitam ali numa contiguidade inseparável, formando uma espécie de núcleo da imaginação biopolítica que persistirá até bem avançado o século XX, uma espécie de matriz de imagens, relatos, afetos e sentidos sobre a qual se projetarão os antagonismos políticos da modernização econômica e social.[7] *O outro social será o outro racial, mas também de outra espécie*: esse é o terreno em que opera a biopolítica moderna; o animal e o "outro racial" (e a partir dali o outro sexual e de gênero) definiram o terreno em que os sonhos civilizatórios traçaram as distribuições entre pessoa e não pessoa, entre *bios/*

zoé, quer dizer, as distribuições entre as vidas por proteger e as vidas por explorar; entre as vidas propriamente humanas e as vidas por subordinar, por explorar, por coisificar, e por eliminar – as vidas que se vendem e se compram nos mercados globais ou as vidas elimináveis na nova ordem política. O bárbaro demarcou o terreno em que essa distribuição e essas cesuras biopolíticas se levaram adiante no primeiro trecho da modernidade regional.

Esse bárbaro ainda ressoa no narrador de "Meu tio...", mas ressoa sob o signo de sua reversão e sua resposta, porque é esse mesmo bárbaro que traça uma configuração alternativa em relação à norma civilizatória, à identidade racial e nacional, e à norma do "indivíduo produtivo": encarna o avesso do que faz e define o sujeito disciplinado e legível da nação modernizada. *A partir dali impugna a distinção entre bios e zoé, opondo-lhe a aliança entre humanos e animais*, em que se figuram outros modos do comum e outras possibilidades da comunidade.

Essa figura vem marcada e indicada a partir do animal e a partir dessa contiguidade ou vizinhança intensa entre espécies que é a aliança humano-animal, e que no relato termina sendo eliminada, marcada como impossibilidade do presente. O interessante – e voltaremos a isto – é que Rosa narra este final contando a história de uma comunidade e de uma aliança:

o bárbaro não é um "indivíduo", é um agenciamento, uma forma de vida no plural e em comum. A barbárie aqui é comunidade.

Rosa situa assim este relato que combina a indisciplina social com uma nova aliança com o animal, e que abre uma dobra, uma alternativa, outro tempo – não é o passado nem é o futuro; é o tempo do menor, o tempo da espera e da promessa, o tempo virtual do "povo por vir". A ficção aqui abriga esse tempo, é a forma desse tempo. *O indisciplinado e o animal*: esse é o vetor que aqui conjuga outro tempo contra a ordem modernizadora, que é o tempo de outros modos do comum e de outra possibilidade de comunidade.

Contra a domesticação: políticas da ficção

O modo como "Meu tio..." pensa e narra a aliança humano-animal pode pensar-se talvez com mais precisão se o lermos em contraste com outras ficções do animal que lhe são contemporâneas, que também registram o desaparecimento do "animal selvagem" e seu retorno como ameaça à ordem disciplinar e civilizatória da modernidade. Trata-se de escritas que, diferentemente da de Rosa, inscrevem o lugar do animal a partir do gênero fantástico e de uma concepção da ficção como autonomia. Se pensamos em textos de Cortázar, Silvina Ocampo, J. Rodolfo Wilcock, ou no *Manual de zoologia fantástica* de Borges e Margarita Guerrero, ali a operação em torno do animal tem uma marca principal: a de responder ao desaparecimento do animal selvagem como consequência da modernização – o seu ordenamento político e econômico dos corpos –, repondo-o como potência de ficção, como força incontrolável que transborda e põe em crise as molduras de percepção do real; o animal no fantástico vem com outro tempo, que é o de uma natureza espectral, vestígio de um universo anterior à modernidade e interrupção das evidências do presente. Trata-se de um *animal virtual*: quer dizer, como umbral ou linha de passagem entre o real e o imaginário, entre o dado e o potencial. "Potência do falso", diz Raúl Antelo (op. cit.), assinalando o modo como a forma-arquivo do *Manual...* funciona como modelo da noção mesma de ficção em Borges, ali onde a ficção captura uma indisciplina que já não se abriga no para além ou no fora da natureza "indômita" e que a cultura quer inscrever contra os ordenamentos de corpos próprios das sociedades disciplinares e suas biopolíticas.[8]

Essa operação ressoa em textos do gênero fantástico, desde o *Bestiário* de Cortázar até Silvina Ocampo: trata-se de fazer do fantástico o espaço onde se canaliza o desafio ao real que vem desses corpos indômitos, essa energia que não termina de reduzir-se a mercadoria e a docilização, mas que já não se desdobra como natureza "selvagem" ou bárbara, mas se retranscreve no domínio da imaginação e suas potências.[9]

O desafio que vem dessa irrupção do animal na ordem social, essa ameaça inatribuível, identifica-se com a ficção: isso é o que faz o fantástico; joga com os limites entre ficção e realidade marcando um salto ou uma quebra nas dimensões ou umbrais do real, e faz do animal o operador desse salto: o animal retorna à cultura como espectro, como ficção, como irrealidade, para marcar a crise do inteligível. "Cefaleia", de Cortázar, levará adiante esta operação de modo nítido. Recordemos brevemente a história: no Pampa, um criadouro de "mancúspias", estranha espécie de animal cuja criação exige cuidados sistemáticos e permanentes, mas que promete "ganhar uma boa quantia com a venda das crias jovens". Trata-se, diz o narrador, "de um trabalho sutil, necessitado de uma precisão incessante e minuciosa" (CORTÁZAR, 1965, p. 71). Efetivamente, como nos explica o narrador em detalhe, a criação destas criaturas responde a uma série de práticas medidas, calculadas, rigorosamente estipuladas. O criadouro é um espaço disciplinar exato, onde cada atividade está devidamente programada e calculada com base numa gestão da vida animal: nada pode ser deixado ao acaso; a ordem disciplinar é uma ordem ameaçada; seu rigor é proporcional à precariedade que o assedia (neste sentido, se o texto de Rosa é o da sujeição de um território, o das onças, sob a égide do capital, o conto de Cortázar é o do disciplinamento do tempo: é a gestão completa do tempo diário em torno da criação das mancúspias).

E, efetivamente, algo acontece nesse criadouro de corpos, algo que adoece: "Não nos sentimos bem", repete o narrador desde o começo. Todo o texto estará pontuado por uma classificação incessante, heterotrópica, de afecções que passam pela percepção, pelo equilíbrio físico e mental, pela localização no tempo, pela compostura mesma: o laboratório animal é também um laboratório da percepção; tudo aqui expande e desloca os limites da realidade, desde a percepção humana até a corporalidade mesma dessa espécie desconhecida – originária, aparentemente, da província de San Juan – e de seus corpos a uma só vez frágeis e violentos. "Cefaleia" tem lugar sob o signo da palavra médica, desde uma epígrafe em que se fala de um poema sobre remédios para a cefaleia até a classificação de doenças próprias desse ambiente, e os informes que os criadores devem escrever sobre seus sintomas. Trata-se, então, de vários experimentos a uma só vez: criaturas e criadores são objetos de observação, gestão, manipulação. É, de novo, o espaço disciplinar que põe em contiguidade corpos para sua gestão econômica e de saber. (Todo o texto está permeado pela linguagem da burocracia disciplinar: manuais, informes, relatórios; as histórias clínicas, tanto dos animais como dos homens, são aqui decisivas: cada corpo tem a sua. É o universo da observação sistemática dos corpos e de gestão calculada de sua vida.)

E nesse espaço, então, a indisciplina. Começa pela classe: os empregados fogem, levando o *sulky* e o último *Tempo argentino* entre outros objetos valiosos. A isso se segue a revolta: as mancúspias escapam, o ordenamento de sua alimentação e criação se desfaz, a cefaleia se agudiza e se torna insuportável. A distância frágil entre a casa e o criadouro, que se distribui entre humano e animal e entre dentro e fora, derroca-se: o espaço disciplinar, com sua rede de corpos atribuídos e definidos, implode. Resta a verificação de uma instabilidade sem sutura: "algo vivente caminha em círculos dentro da cabeça..." Isso "vivente" já não se abriga nesse fora que se havia tentado confinar no criadouro, e tampouco se pode controlar no interior da casa: nem vida humana nem vida animal, isso vivente assedia o contorno da casa, do próprio, da interioridade e da subjetividade. E se associa a um som – um rumor, um uivo – no limite a linguagem,[10] e à fome, ao corpo faminto das mancúspias, mas também desses "*linyeras inútiles*" que se aproximam da casa: isso vivente sem rosto humano se lê em continuidade; ali não é humano contra animal, mas a configuração política de corpos em que já não se reconhecem a pessoa e a subjetividade humanas: *zoé*, a não pessoa. Grito e fome são o limite de uma animalidade que já não pode, simplesmente, projetar-se para um exterior da natureza, do selvagem, do indômito. O animal se torna "algo vivente", nem interior nem exterior, objeto de cálculo e de gestão tecnoeconômica (ou biopolítica) que reaparece como um assédio no interior da casa e do corpo "próprios".

O texto de Cortázar verifica paradigmaticamente, podemos dizer, esse deslocamento que mencionávamos antes pelo qual o animal perde a referência da natureza e começa a habitar universos e territórios de domesticação e de interiorização. Interessantemente, o conto tem lugar no campo, no Pampa, mas já não como horizonte do natural, mas como domínio tecnocientífico: lugar de experimentos e de observação. Ele dobra o horizonte que até então se estendia para o confim do selvagem e o converte em modulações de uma interioridade expansiva e assediada, em graus instáveis de uma proximidade que ameaça a integridade desse sujeito proprietário – esse sujeito que declara como "próprios" seu corpo e o corpo de outros. Nem na exterioridade do animal selvagem, nem na interioridade do corpo próprio e seu universo doméstico: isso vivente oscila num umbral *vazio*. Esse umbral é o que se verifica neste texto (e em outros contos de Cortázar: "Bestiário", "Carta a uma senhorita em Paris" etc.), uma topologia impossível do vivente, de um corpo e de uma vida que não se podem atribuir a lugares jurídica e politicamente marcados ou dados, pois obedecem a uma lógica diferente: a distinção entre dentro e fora se resolve como continuidade entre humanos e animais, como inscrição transformada de uma vida ou vivente que já não reconhece a distância entre as espécies, como cartografia móvel de corpos.

Essa mesma cartografia instável de corpos tem lugar, ainda que traçada de modo mais radical, no *Manual de zoologia fantástica*, de Borges e de Zamora. O *Manual...* é uma coleção ou arquivo (ANTELO, 1999) de espécimes caracterizados por um traço sistemático: o de serem configurações corporais entre estados, entre formas, entre materialidades, corpos que não encontram sua própria natureza nem sua definição final. Estão entre a vida e a morte, entre o orgânico e o inorgânico, entre o individual e o multitudinário: são figurações de um *entre corpos* que não tem forma final. É essa existência elusiva, que se infiltra entre as malhas da taxonomia, isso que não tem lugar na realidade da natureza ou do social, mas tampouco na ordem das linguagens, isso que está justamente entre a materialidade dos corpos e a imaterialidade da linguagem – isso é o que se arquiva sob o regime estrito da ficção do *Manual...*: uma vida para a qual não há nome próprio, um vivente que só encontra sua expressão no catálogo residual de um "manual" marginal. Talvez assim se compreenda a exclusão programática das lendas de "transformações do ser humano" que irritava Deleuze e Guattari: a zoologia fantástica não trabalha sobre mutações e metamorfoses, mas sobre outro registro que é também outra dimensão, o de uma vida que já não coincide com nenhum corpo reconhecível nem com nenhuma forma identificável; não se trata de dar conta da passagem e da mutação, mas dessa redução a mínimo de uma vida que não encontra corpos que a abriguem: o *Manual... é o repertório de um bios que não coincide com "o corpo"*. Essa vida sem forma, esse *bios* que se torna invisível ali onde elude toda forma individuada ou toda espécie legível, todo saber zoológico e toda antropologia. É preciso buscá-la no umbral do virtual, que é o da ficção. Vida e escrita se enlaçam assim sob o signo dessa potência virtual, que aqui fica rigorosamente codificada sob uma ficção que só pode existir ao preço de demarcar com exatidão sua distância com respeito ao real.

Essa verificação de que a vida já não se contém no repertório de uma natureza domesticada nem de um animal tornado puro recurso – nem, evidentemente, nas formas humanas docilizadas pela modernidade, reconhecíveis, imediatas (pensemos, como sugere Fermín Rodríguez, no destino de Dahlmann) –, essa verificação, enfim, de que a vida já não cabe nos corpos da "realidade", tem lugar sob o signo do fantástico, quer dizer, de uma codificação estrita da diferença entre realidade e ficção. Passa pelo "animal fantástico", pelo desafio que a ficção apresenta à ordem natural. Em "Cefaleia", diferentemente do *Manual*..., esse animal fantástico é objeto de gestão tecnoeconômica, mas em todo caso compartilha um princípio geral: o de contestar uma ordem disciplinar (e naturalizada) de corpos com o suplemento de uma ficção que captura ou quer capturar a potência virtual do vivente. Por isso é fundamental que "Cefaleia" termine com o estribilho do "algo vivente": o que vem da ficção não se pode acomodar ao ordenamento dado dos corpos, às raças, aos gêneros e às espécies reconhecidas. Essa é a potência de sua indisciplina, de sua insubmissão à nova captura generalizada de corpos. Mas, ao mesmo tempo que torna possível esta operação, o gênero fantástico e sua codificação da ficção funcionam como limite: traçam as coordenadas do que se entende por "ficção" contendo ou confinando a potência que descobrem. Esse é o limite da relação entre animalidade e gênero fantástico: ele confina o retorno e o assédio do animal a um espaço de ficção firmemente separado, distribuído com respeito ao real, ao preço de autonomizá-lo como espectro cujo retorno só tem lugar no espaço da literatura. Faz do animal o núcleo mesmo da ficção, pura linha de fuga sem lugar na ordem moderna da realidade social (Cortázar) ou habitando uma ordem própria, autônoma e heterogênea, como é a da classificação, do manual e do arquivo, no caso de Borges

(ANTELO, ibid.), e codifica fortemente a partir do fantástico a distinção entre esses universos. Essa é a política do fantástico como arquivo do animal virtual: verifica o desaparecimento do animal selvagem da realidade, condensa sua potência em termos de ficção e de espectro, e a atribui a esse território literário que confronta as evidências da realidade. Desterritorializa o animal de suas molduras de referência prévias e o reterritorializa na ficção e no arquivo como espaço autônomo.

É claro o contraste com o texto de Rosa: ali a inscrição do animal e da aliança humano-animal funciona de outro modo; mobiliza línguas e ordenamentos raciais, sociais e econômicos porque se torna um fator de mistura e de hibridação; em lugar da ficção autônoma, em Rosa se trata de uma ficção menor que põe em variação uma ordem de corpos e de línguas. Em lugar de traçar ao redor do animal um espaço-outro, um território demarcado e distinto do real – a ficção fantástica, o arquivo –, faz do relato um espaço contínuo e virtual com respeito ao real, e a partir daí o põe em movimento e em variação. O animal ali não é o outro da razão e do realismo; está em lugar do *menor*, do que trabalha do interior de uma ordem biopolítica e cultural as linhas de transformação que demarcam potencialidades irrealizadas do social, suas linhas de fuga. Ali se torna contíguo a, e faz aliança com, outros corpos menores da modernidade, os da raça e da classe, os corpos irreconhecíveis e as subjetividades sem identidade; dali traça uma coordenada-chave em torno da inscrição do animal na cultura, que passa por uma política de alianças humano-animais e pela rebelião e pela repressão que estão em jogo a partir dessas alianças – *passa, dito de outro modo, pela comunidade, pela potencialidade de uma comunidade alternativa*. Se a ficção autônoma fez do animal o vestígio de uma indisciplina que se reterritorializa na arte e na escrita e que ali fica como arquivo e como memória (daí a identificação da ficção com a escrita: é o "manual", o "livro" no caso de Borges, ou a "história clínica", o "relatório" no texto de Cortázar), a ficção menor faz do animal a transversal de onde compõe as alianças, as linguagens e as formas de um "povo por vir", de uma comunidade que já não pode se pensar nos termos da norma do humano. A "comunidade que vem" do texto de Rosa é uma comunidade de corpos, entre espécies e numa economia do próprio que não coincide com a propriedade, com o proprietário e com as classificações de corpos do Estado e do capital.

Em torno do animal, então, dois modos e dois estatutos da ficção, uma ficção menor e uma ficção autônoma. Esses modos da ficção verificam, de lugares heterogêneos, se não antagônicos, o fato de que o animal já não se enquadra no repertório da natureza, e, por sua vez, o de que a natureza se esvazia dos conteúdos e das intensidades que a haviam definido desde o século anterior. A natureza se povoa integramente com os signos da economia e da tecnologia; sua exterioridade se torna recurso e valor – e é sobre esse fundo que a ficção reinscreve o animal como potência e indisciplina que se interiorizam e se difundem do interior dos corpos, dos territórios e das sociedades. Esse animal virtual, espectral, fora de tempo e sem lugar se transformará numa regra persistente dos modos como se fará visível o animal na cultura – e dali numa regra da visibilidade dos corpos em geral.

A rebelião animal: contra a língua

A ficção da rebelião animal em "Meu tio..." trabalha ao redor de duas linhas de indeterminação: por um lado, mobiliza, como vimos, a diferença entre humano e animal (revelando, portanto, uma vida ou um *bios* que não ordena *por si mesmo* os corpos, que não lhes dá uma identidade fixa, um ser ou uma natureza própria), mas ao mesmo tempo também faz outra coisa: captura novas continuidades entre linguagem e som, entre palavra articulada e grito, barulho, opacidade sonora na língua, isto é, *a instabilidade entre palavra e voz*. A biopolítica menor é inseparável de uma língua em variação radical: o texto de Rosa é legendário justamente porque trabalha não só a minorização do português a partir de sua mistura com o tupi-guarani, mas porque, além disso, interrompe essa mistura linguística com onomatopeias animais, com rugidos, respirações, uivos da onça, que são os modos como o animal se inscreve na língua – *o animal como o barulho na língua*, isso que tensiona a relação entre som e sentido, e que introduz zonas de opacidade que são também espaços de indeterminação do sentido, que tornam indiscernível o limite entre palavra articulada e "puro" som. Esse deslizamento ou indecisão entre palavra e som ou barulho é, como se sabe, a instância onde Rancière identifica a questão do político: a da decisão em torno do que constitui a palavra pública que define o mundo em comum, e que, em contrapartida, pertence ao ruído insignificante, à pura expressão de fenômenos do corpo que não demarca nem redefine o mundo compartilhado. No texto de Rosa, o animal ou a aliança humano-animal emergem, na instância mesma dessa decisão, e a partir dali traçam a possibilidade de uma política da escrita fundamentalmente porque põem em jogo os critérios a partir dos quais se fazem reconhecíveis um enunciado e uma enunciação (RANCIÈRE, op. cit.).

"Meu tio..." termina, como vimos, com a eliminação do narrador e, portanto, com uma restauração violenta da diferença entre o humano e o animal, como se essa aliança que se tece na voz do narrador não pudesse existir no espaço que se abre para a nação moderna. Mas, se no plano do relato "Meu tio..." narra essa eliminação e esse fechamento, no plano do texto trabalha na direção oposta: funciona sobre uma indeterminação radical, irresolúvel, em torno do que se reconhece como linguagem e como sentido, e portanto sobre uma zona de deslizamentos imparáveis entre os modos como o humano e o animal se inscrevem na língua. A escrita se abre para sons, barulhos, rugidos, gritos que vêm dos animais, torna-se caixa de ressonância para uma *matéria sonora* que atravessa a linguagem, que ela interrompe e desvia e expõe a uma indeterminação radical. E essa indeterminação tem a ver com a impossibilidade de decidir se esses barulhos ou sons ou gritos, se esses *modos da voz* abrigam ou não a potencialidade do sentido, e de um sentido político que envolve o mundo em comum e a questão do *bios*, da forma de vida reconhecível: nessa indecisão tem lugar o texto, *como se a rebelião animal passasse também pela capacidade de produzir sentido*, quer dizer, pela capacidade de linguagem em geral, pela distribuição dessa capacidade entre os corpos e nas zonas de contiguidade, de aliança e de relação.[11]

Poucos textos, neste sentido, chegaram tão longe como "Meu tio...". O texto, como vimos, trabalha o português do interior tensionando-o com tupinismos que alteram a língua dominante e a arrastam para umbrais de variação inéditos: a língua colonial e a do colonizado, a língua da dominação e a língua dominada, a língua escrita e a língua oral se enroscam numa vertigem que as torna irreconhecíveis. E, a uma só vez, atravessa essa mistura de línguas com onomatopeias da respiração, do rugido, do grito do animal (as onças quando morrem, diz o narrador, "tão falando o que a gente não fala"):[12] o *barulho* do corpo que interrompe e desvia a linguagem articulada e a ordem das línguas. O texto torna impossível o traçado de uma distinção nítida entre línguas conhecidas (português, tupi) e sons onomatopeicos animais: narra *a partir desta instabilidade* entre som e sentido, constrói uma linha de deslizamento imparável entre o "puro" som e a palavra articulada, e já não se pode saber exatamente onde termina um e começa o outro.

> Hum? Eh-eh... É. Nhor sim. Ã-hã, quer entrar, pode entrar... Hum, hum... Mecê sabia que eu moro aqui? Como é que sabia? Hum-hum... Eh. Nhor não, *n't*, *n't*... Cavalo seu é esse só? Ixe! Cavalo tá manco, aguado. Presta mais não. Axi... Pois sim. Hum, hum. Mecê enxergou este foguinho meu, de longe? É. A'pois. Mecê entra, cê pode ficar aqui (ROSA, 2009, p. 160).

Assim começa o texto: cruzando línguas ("Ixe!", por exemplo, é expressão guarani), mas também arrastando sons, rumores, interrupções que dizem respeito à língua oral, bem como ao rugido, ao barulho animal: "n't, n't", que, segundo Haroldo de Campos, é onomatopeia animal, mas segundo a tradutora para o espanhol é uma expressão apocopada do guarani (é um insulto) [WEY, 2001]. Interessa justamente esse deslizamento, onde o texto abriga essa incerteza entre o que é linguagem articulada e o que é puro som: esse umbral é o que este texto traça como caixa de ressonância entre linguagem, língua e voz, fazendo da voz um limite de indeterminação radical. ("Meu tio..." é, neste sentido, um texto que se exibe com maior nitidez quando é lido em tradução, justamente porque a tradução expõe a natureza indeterminada que o atravessa: ali onde não se sabe o que é o "tradutível" neste texto, onde começam e terminam as palavras reconhecíveis como tais (WEY, ibidem). A voz, pois, contra a linguagem, como espaçamento no interior da linguagem articulada e como umbral onde se traficam sentidos irredutíveis à significação.)[13] A *materialidade mesma da voz – que não distingue humano de animal – desestabiliza a localização do sentido*; o sentido se abriga como virtualidade nesses tensores que atravessam a língua e a arrastam para o puro som, para a pura materialidade assignificante, para o espaçamento que tem lugar na voz (NANCY, 2003): entre as palavras do português, as palavras do tupi-guarani, e os rugidos que povoam o texto e que fazem eco do rumor animal. No momento final do texto, quando o narrador é assassinado por seu ouvinte, o narrador narra a cena enlaçando palavras com tupinismos ("remuaci") e onomatopeias:

> Desvira esse revólver! Mecê brinca não, vira o revólver pra outra banda... (...) Ui, ui, mecê é bom, faz isso comigo não, me mata não... Eu – Macuncozo... Faz isso não, faz não... Nhenhenhém... Heeé!... Heeé!... Hé... Aar-rrâ... Aaâh... Cê me arrhoôu... Remuaci... Rêiucàanacê... Araaã...Uhm... Ui... Ui... Uh... uh... êeêê... êê... ê... (2009, p. 198).

A linguagem se desfaz e se refaz nesse umbral incerto entre o grito e a linguagem articulada.[14] A pergunta aí não é quem fala, ou quem tem direito a falar. Mas, antes, o que é falar, ou o que constitui um enunciado. Como se sabe, Rancière fez da distinção entre barulho e palavra, entre grito e linguagem articulada o eixo da ideia do político: *a questão*, diz Rancière, *é quem decide* se isso que se ouve é linguagem ou barulho, se isso que vem da rua ou do tumulto dos corpos é uma palavra política que busca reordenar o mundo em comum, ou se é um mero barulho sem maior consequência simbólica.[15] A própria palavra "bárbaro" – central na formação das modernidades latino-americanas, e que está essencialmente enlaçada à questão animal em geral – dá testemunho desta indeterminação: nomeia o outro cultural e social em sua suposta ausência de linguagem articulada, dispondo-o no limite mesmo da espécie humana (PAGDEN, 1987).[16] A questão do som, do barulho, da pura voz como matéria estética, e da decisão política acerca de sua natureza linguística ou não, é, se se quiser, uma *regra* constitutiva da rebelião animal, justamente porque demarca a fronteira entre os corpos politicamente reconhecíveis e aqueles que não têm parte, que não "fazem" parte do mundo compartilhado.[17]

A chave é que esta potência da voz emerge em "Meu tio..." de um personagem que põe em crise toda pertença a uma comunidade humana e que desarticula todas as fábulas de identidade compartilhada – nacional, racial, cultural, e inclusive a identidade da espécie mesma. Precisamente porque este narrador atravessa as identidades e as comunidades reconhecíveis, é que torna possível a aliança com o animal: ele trabalha nesse umbral irreconhecível, indeterminado, entre corpos, entre espécies, e entre raças, e sobretudo entre palavra e som, onde inscreve a virtualidade do sentido, a potencialidade de que haja um novo sentido, que é sempre um novo modo de relação entre corpos. Neste sentido, esse narrador é a instância de uma reinvenção do comum, do comum para além de toda comunidade reconhecível, ou melhor, do comum como vértice da comunidade, como essa potência ou força que arrasta uma comunidade para uma reinvenção do comum tão radical, tão poderosa, que tira o homem de sua fantasia "humana" – como fantasia normativa do humanismo – e o lança para outros modos de relação. Justamente ali onde a comunicação se enrarece ao máximo, onde inclusive a tradução se torna improvável porque não sabemos se estamos diante de uma palavra ou não: ali emerge a potência do comum, porque desapropria o monopólio humano (ou humanista) sobre o sentido. Aqui o sentido se exibe como o que "passa" entre corpos, essa voz *entre* corpos e que vai e vem entre o humano e o animal, espaço ou espaçamento comum para além de toda comunidade predefinida. O narrador de "Meu tio..." realiza esse "entre" corpos de modo radical: o que emerge com ele não é o conteúdo ou a substância de uma comunidade, de uma essência ou ser compartilhado, de uma identidade ou copertença, mas *o comum como possibilidade de outro ordenamento de corpos* – o comum, em outras palavras, como essa comunidade potencial que aqui atravessa a representação do humano e se abre a uma aliança com o animal.[18] Como uma alternativa radical e irredutível ao ordenamento biopolítico de uma modernidade que necessita, para sua administração econômica e política dos corpos, traçar uma fronteira irrevocável entre *bios* e *zoé* para, a partir daí, distribuir os corpos consumíveis e exploráveis daqueles reconhecidos e protegidos pela ordem nacional.

Talvez por isso haja que matar o narrador de "Meu tio o iauaretê", e com isso sufocar a rebelião animal mais radical da literatura sul-americana: porque inscreve uma imaginação do comum cuja potência reside, justamente, em produzir um reordenamento de corpos que impugna e atravessa as fantasias normativas da espécie – o sonho de uma humanidade presente a si mesma – e se deixa atravessar pelos rumores, pelos barulhos ou pelos tumultos de outra comunidade possível, de uma comunidade cujos contornos são imprevisíveis justamente porque não têm, não podem ter, as formas reconhecíveis do humano.

A rebelião animal que se narra em "Meu tio..." organiza-se, então, em torno da descoberta de uma aliança humano-animal e de sua eliminação violenta: a rebelião animal nomeia essa possibilidade, essa alternativa que o relato se encarrega de suprimir e de tornar inenarrável: narra-se para imaginar e para cancelar essa imaginação, para inscrever uma potencialidade que, melancolicamente, se risca (mas que, ainda assim, se arquiva, se memorializa). Essa aliança é uma alternativa radical às lógicas de fundação raciais, culturais e econômicas que, em nome da civilização, sustentaram o edifício das soberanias nacionais – edifício que parece requerer uma distância *axiomática*, a uma só vez ontológica e política, com respeito aos corpos chamados animais, distância que funciona como matriz sobre a qual se fundam hierarquias e ordenamentos biopolíticos mais gerais.[19] O que o texto de Rosa desdobra e a uma só vez suprime é outra concepção da comunidade, antiocidental e antiestatal, que passa por outra ordem de filiação e por outra economia do afeto, e ao mesmo tempo por outra concepção da cultura e da literatura – um narrador que não se deixa distribuir por distinções entre o natural e o cultural, e que faz de seu relato ocasião para uma continuidade entre a palavra e a voz, e que traça um espaço de linguagem irredutível ao humano. É essa comunidade humano-animal e seu correlato nessa estética da voz o que o texto de Rosa contrapõe à ordem biopolítica moderna. Mas não o faz a partir de uma nostalgia pré-moderna nem somente a partir da melancolia dos derrotados, mas também a partir da aposta de uma comunidade que já não tem o rosto dos humanismos civilizatórios, que tensiona toda noção humanista de cultura e de literatura, para abri-la a novas conexões com as matérias e intensidades do vivente. É uma aposta que não reconhece nenhum fundamento dado: desbarata a natureza como ontologia da espécie, da raça ou da nação, e atravessa a fantasia da língua como unidade, como código compartilhado, como condição da comunidade. *Nem a espécie nem a língua – isto é: nenhuma das medidas do humano.* Nesse duplo desafio, "Meu tio..." condensa a possibilidade de outro "comum" e de outra comunidade que põe no centro de sua aposta a relação entre corpos e entre viventes: uma epistemologia alternativa, que é outra sensibilidade e outra política.

NOTAS

1. Ver Lúcia Sá, "Virar onça para vingar a colonização: 'Meu tio o iauaretê'", em L. Chiappini & M. Vejmelka, *Espaços e caminhos de João Guimarães Rosa. Dimensões regionais e universalidade*, Rio de Janeiro, Ed. Nova Fronteira, 2008, pp. 158-168; Walnice Nogueira Galvão, "O impossível retorno", em *Mitológica rosiana*, São Paulo, Editora Ática, 1978.
2. Giorgio Agamben usa esta fórmula, asociando-a sobretudo à ideia de dessubjetivação. Ver a entrevista "Una biopolítica menor", disponível em http://golosinacanibal.blogspot.com/2010/10/uma-biopolitica-menor-entrevista-com.html.
3. "Enquanto jagunço letrado, o narrador rosiano pertence simultaneamente ao universo da violência (no meio rural) e à classe culta (urbana). Ele realiza assim um trabalho de mediação entre duas esferas culturais muito diferentes; ao mesmo tempo é capaz de distanciar-se criticamente de cada uma delas" (BOLLE, 2004, p. 142).
4. "Eu - toda a parte. Tou aqui, quando eu quero eu mudo. É. Aqui eu durmo" (ibidem, p. 160).
5. Este contraste entre "Meu tio..." e *Grande sertão* é uma das explicações da postergação de sua publicação, que só sucede na coleção póstuma *Estas estórias*. Ver BYLAARDT, op. cit.
6. Os trabalhos de Fermín Rodríguez, de Julieta Yelin e de Mariana Amato dão indicações cruciais das linhas de investigação nesta direção.

7. As figurações do primeiro peronismo como "aluvião zoológico" são talvez o exemplo mais evidente desta herança do século XIX a formatar vocabulários públicos de meados do século XX.

8. Fermín Rodríguez escreveu sobre a noção de ficção em *El sur*, de Borges, precisamente ali onde o ponto de deslocamento ou salto é o contato irreal com o gato: ali, diz Rodríguez, se joga a possibilidade de outra vida (RODRÍGUEZ, 2011).

9. Ver Julieta Yelin, "Adentro de las jaulas: imaginarios de la multiplicidad en algunos relatos argentinos de la década del cincuenta. El caso de Bestiario de Julio Cortázar", 2005.

10. "Algo está acontecendo com as mancúspias, o rumor é agora um clamor *rabioso* [raivoso] ou aterrado, distinguem-se o uivo afiado das fêmeas e o ulular mais bronco dos machos..." ["Algo les pasa a las mancuspias, el rumor es ahora un clamoreo rabioso o aterrado, se distingue el aullido afilado de las hembras y el ulular más bronco de los machos..."] (CORTÁZAR, op. cit., pp. 83-84).

11. O mesmo sucede em outras ficções de rebelião animal, como "Los caballos de Adbera", o conto de Leopoldo Lugones incluido em *Las fuerzas extrañas*, de 1906, ou o de Horacio Quiroga "Juan Darién", de 1926. Os cavalos rebeldes de Lugones, por exemplo, durante a rebelião emitem "relinchos variados como palavras aos quais se mesclava um ou outro doloroso zurro" ["relinchos variados como palabras a los cuales mezclábase un que otro doloroso rebuzno"] (Lugones, 1980, p. 184): no tumulto da rebelião, não se sabe o que é palavra e o que é barulho ou grito; os relinchos são comparáveis a palavras e à linguagem articulada, mas também inscrevem um "fundo" de sons assignificantes (traçando assim uma hierarquia entre relinchos e zurros: entre a tragédia e a comédia). Por seu lado, Juan Darién gagueja enquanto dá sua lição na escola diante do inspetor, e é esse gaguejar o que trafica um som similar ao rugido do tigre, o que desperta suspeitas no povo: de novo, um espaço de incerteza no interior da linguagem que põe em cena o deslizamento, a indeterminação entre o que é propriamen-

te palavra e o que é barulho do corpo anterior ao sentido. A disputa em torno do que vale como linguagem se constitui, assim, numa recorrência dos modos como a literatura inscreve a rebelião e a resistência animal. Ver GIORGI, 2011.

12. Para uma leitura da questão animal no texto de Guimarães Rosa no contexto da crise do humanismo ocidental, ver Julieta Yelin, "Viajes a ninguna parte. Sobre la representación de la animalidade en *Meu tio o iauaretê*, de João Guimarães Rosa, y *A paixão segundo G.H.*, de Clarice Lispector" (2008).

13. A voz, pois, como a instância do sentido enquanto vibração dos corpos e entre corpos. Ver Jean-Luc Nancy, "Vox Claman in Deserto" (2003, pp. 234-247).

14. Jens Andermann assinala que no texto de Rosa as reticências indicam o limite em que a voz narrativa "explode e se despedaça", dado que marca esse espaço indecidível entre o oral e o escrito (2011, p. 9).

15. Rancière nunca traz a questão animal ao debate sobre o político; o texto de Rosa, como outras ficções de rebelião animal, no entanto, faz da questão da linguagem no limite com o animal uma dimensão-chave, e une ali sua estética e sua política.

16. Anthony Pagden, *The Fall of Natural Man. The American Indian and the Origins of Comparative Ethnology*, especialmente o capítulo "The Image of the Barbarian" (1987, pp. 15-27).

17. Louis Marin diz que a fábula animal é um gênero onde se disputam o poder do discurso e a capacidade de falar a partir de sua contiguidade com o ato de comer: nestes relatos, falar e devorar se conjugam e deslizam um sobre o outro, no espaço ambivalente do "oral", para traçar zonas de instabilidade com respeito ao poder da/sobre a linguagem, especificamente, para narrar os deslocamentos pelos quais os mais fracos – os privados de fala – arrebatam o poder do discurso e do sentido aos mais fortes. Contra toda redução alegórica, na leitura de Marin a fábula se torna um terreno de contestações e disputas onde a capacidade de falar (e, portanto, a capaci-

dade do logos, o qual para muitos define o próprio do homem) disputa com o ato orgânico, animal ou "meramente" biológico de comer: o oral como zona de deslizamento entre o corporal e o incorporal, entre o sentido e os sentidos. Trata-se, enfim, de uma disputa essencialmente política sobre a capacidade de significar e definir o mundo em comum: "Seria perfeitamente possível que a 'fábula' em geral, o relato dos fracos e dos marginais seja - no elemento do discurso mesmo - um dispositivo de deslocamento e de desvio, pelos mais fracos, da força do discurso dos mais fortes" ["Il se pourrait bien que la 'fable' en géneral, le recit des faibles et des marginaux soit - dans l'élément du discourse même - un dispositif de déplacement et de retournement, par les plus faibles, de la force du discours des plus forts"]. Ver Marin, 1986, p. 59. Deleuze, em sua *Lógica do sentido* (1969), pensa também esta zona de passagem entre falar e comer como instância onde tem lugar o acontecimento do sentido a partir da sensorialidade corporal.

18. "O comum significa espaço, dar espaço, distância e proximidade, separação e encontro" (NANCY, 2011, pp. 145-153).
19. O animal, diz Braidotti, é o "outro natural" contra o qual se atribuem posições de dominação que são sempre modos de produzir corpos (2011).

2. O animal em comum: Clarice Lispector

"Meu tio o iauaretê", o texto de Guimarães Rosa, marca, como vimos, um umbral histórico de certa imaginação do selvagem: o animal traça ali um espaço liminar, interior-exterior à expansão territorial do capital e do Estado-nação, e à consequente sujeição de terras e corpos a uma norma disciplinar. Aliança humano-animal e língua menor são os dois focos de resistência: sair da humanidade normalizada para o capital e a nação, e trabalhar a língua maior e colonial para imaginar outras ordens de corpos: esses são os gestos de que é feito este avatar do selvagem - talvez o último - na literatura sul-americana.

Mas, ao mesmo tempo que esta configuração se encerra, o animal salta de registro e começa a aparecer sobre um novo eixo: o de uma interiorização, um dentro que demarca novos horizontes do corporal, do próprio, e do *bios*. O animal, em lugar de funcionar como limite exterior da ordem social e do universo do humano, transforma-se no índice de uma interioridade: ele se tornará íntimo, doméstico, emergirá dos confins do próprio e da propriedade, e traçará dali novas coordenadas de alteridade e novos horizontes de interrogação. O animal se torna o vértice de um dentro insondável, uma linha de sombra que emerge não de fora do selvagem, da natureza, do confim do Outro, mas das pulsões, das forças, da materialidade mesma que compõe isso que chamamos "meu corpo" e que se exibe, de modos cada vez mais insistentes, sob a luz de uma vida alheia, éxtima, opaca para nossas linguagens e nossos universos de significação. Nessa borda do sentido, ou talvez melhor, nessa insistência do *nonsense*, começa a aparecer um novo relevo do animal; deste novo lugar o animal se reinscreve como matéria estética e política. A escrita de Lispector, especialmente a partir de *A paixão segundo G.H.*, de 1964,[1] dá testemunho desta reconfiguração. Uma barata irrompe, como se recordará, no apartamento da narradora, no Rio de Janeiro: uma invasão cotidiana, trivial, no mundo doméstico, que é o espaço da intimidade e também da propriedade. Trata-se, enfim, da casa de uma mulher burguesa, uma casa que a projeta e a reafirma: o universo do *próprio*. Este é o novo cenário para a vida animal: um novo espaçamento do qual a literatura tem de dar conta.[2]

Esse espaço próprio se vê assediado não só pela presença - de qualquer modo cotidiana, em princípio insignificante - de uma barata, mas por outra presença que a antecede e que também aparece sob o signo da invasão – a de Janair, a empregada doméstica que trabalha para G.H., a protagonista. Janair é "a estrangeira, a inimiga indiferente" que está "dentro da minha casa", "a primeira pessoa realmente exterior de cujo olhar eu tomara consciência": sua presença na casa sempre teve lugar, para a narradora, sob o signo de uma hostilidade sufocada; uma personagem sem individualidade, feita de uma distância racial (é mulata) e de classe insuperável que a separa da dona; mais que um indivíduo ou uma subjetividade, Janair demarca os limites do mundo da narradora, limites feitos de raça e de classe. Não há simpatia, comunidade, laço com Janair: ela preserva sua distância e o antagonismo sufocado que a sustenta. Aqui, a casa, a propriedade e o próprio estão assediados, então, por esses antagonismos políticos que passam pela hierarquia de classe e racial. Esse circuito – o limite, ou melhor, as fronteiras e a cartografia que posicionam os corpos num campo social atravessado por tensões, desigualdades e linhas de dominação – é o que aqui se interioriza: quer dizer, leem-se, fazem-se legíveis no interior da casa própria. É sobre o fundo ou o antecedente desses antagonismos que o animal se fará visível na casa da narradora.

A história é conhecida: Janair decide um dia, sem maior aviso, partir; no entanto, antes de ir embora, desenha uma gravura na parede, onde traça os contornos de três corpos, um fe-

minino, outro masculino, e o terceiro um cão. Esta inscrição
– "uma escrita" – transtorna a ordem do apartamento; torna
irreconhecível e radicalmente alheio o quarto da doméstica:
um ponto de deslocamento; nesse quarto aparecerá a barata.
Aqui já não estamos no sertão, na selva, nessa fronteira que
assediava o progresso civilizatório das nações: estamos no lar,
na casa própria, na cidade e no quarto de serviço de onde se gere, se administra a vida diária: no *oikos*. Ali irrompe a empregada – uma figura, como dizíamos antes, sem relevo individual,
cujo contorno são os antagonismos de classe e raça, e depois,
em sucessão, o animal. Janair e a barata se leem assim em sequência e em contiguidade; Janair é, poderíamos dizer, a mu-
lher-barata (como a mulher-aranha de Puig) que irrompe na
ordem domesticada de uma narradora explicitamente estereo-
típica que diz chamar-se "G.H.", *gênero humano*. Entre a narradora e a dupla Janair-barata se põe em jogo a diferenciação
entre essa narradora e seu corpo transparente para o "gênero
humano" (quer dizer, para a espécie), uma figura que realiza
uma humanidade reconhecível, em contraste com esses outros
corpos que inscrevem as fronteiras de menos que humano e
do inumano: a raça, a classe, o animal. O texto põe em jogo,
assim, uma retórica das *marcas biopolíticas* dos corpos: a mulher
humana ante a proletária, a mulata, esses corpos que se fazem
visíveis em sua contiguidade com o animal. É essa contiguida-

de, evidentemente, o que o texto de Lispector põe em cena como campo de batalhas formais e políticas em torno do vivente e suas inscrições biopolíticas: em torno dessa contiguidade entre corpos marcados pelo gênero, pela raça, pela classe e pelo corpo animal, o texto trabalhará modos de corporização e epistemologias alternativas.

A narradora, como se recordará, entra no quarto da empregada para "arrumar": para pôr a ordem no mundo doméstico. Sem saber de onde vem – se do interior abismal da casa ou de um fora que mudou de dimensão, o animal aparece nesse universo do doméstico e da economia da vida cotidiana: esse é seu horizonte de visibilidade.

O que está em jogo aqui? Essa contiguidade entre Janair e barata, entre raça e espécie, poderia fazer-nos pensar que estamos no que Ernest Haeckel chamou "máquina antropogênica" e que Agamben comenta em *L'aperto* (2002): o mecanismo biopolítico pelo qual o humano é separado, desagregado de seus outros, pelo qual a figura intermédia, entre humano e animal, que é Janair – o corpo marcado pela raça, pela classe, pelo gênero, pela soma de alteridades – expõe sua contiguidade com a vida animal. A casa, o mundo doméstico, pareceria encenar aqui essa operação. No entanto, em *A paixão...* sucede o contrário – ou melhor, este terreno se vira do avesso.[3] Ele enlaça esses corpos marcados por hierarquias biopolíticas – classe, raça, espécie – e os revira sob o signo de um *continuum* que altera o ordenamento hierárquico de corpos. Humano e animal não se leem em termos antropogênicos, mas, ao contrário, como antievolução, não regressiva ou inversa, mas acumulativa, que justapõe temporalidades e trabalha um presente não teleológico, antiprogressivo, pós-humano ou inumano. A continuidade que emerge ali não é a da *humanitas* que se estende para os outros raciais ou sociais, mas, ao contrário, o do vivente que excede, como um ponto de opacidade a uma só vez interior e exterior, os limites do humano. É contra esse fundo, esse horizonte de saber e de percepção do vivente, que as distinções entre o humano e seus outros biopolíticos se tornam uma linha de interrogação, um campo de experimento e de experiência; o texto politiza o ordenamento de corpos que leva a efeito.

É esse *continuum* de corpos traçado em torno de antagonismos e hierarquias de classe, raça e espécie que se faz visível nesse universo interior da casa, do *oikos*. Esse interior privado, o da propriedade privada, que é a ordem do doméstico, encena um ordenamento biopolítico de corpos: na casa de G.H. se iluminam esses antagonismos e essas distinções que na cidade, na política do público, na política clássica, são invisíveis ou irrepresentáveis; dito de outro modo: *a casa é aqui um lugar de saber biopolítico* – das políticas do "*bios*" que enlaçam e a uma só vez distanciam os corpos da narradora, da empregada e do animal; os corpos da proprietária - o corpo "próprio" - e o das invasoras, as estrangeiras, as éxtimas. Entre a narradora e a barata, e entre a narradora e Janair, a empregada, não se disputam só hierarquias sociais e culturais: disputam-se, como veremos, modos de entender um *bios* em torno do qual se conjugam sentidos políticos e éticos. A sequência das três figuras - G.H., Janair, a barata - tensiona ao máximo os significados desse *bios* cuja inteligibilidade e cuja natureza o texto transformará em aposta de escrita. Gênero, raça, espécie: *A paixão...* dramatiza sob esses antagonismos e esses ordenamentos de corpos um problema novo: o de um *bios* tornado zona de interrogação de onde pensa outros enlaces, outros modos de percepção, outro recorte dos limites e da natureza de "um corpo".

Domésticas

O quarto da empregada, que é, como dizíamos, um palco do doméstico e também da domesticação - da docilização de corpos subalternos, dos corpos que devem obediência ao proprietário: a empregada, os animais -, torna-se, então, a instância de uma deslocamento, de uma topologia alternativa: a casa se torna um vazio, um deserto desprovido de todo traço próprio:

> Da porta eu via agora um quarto que tinha uma ordem calma e vazia. Na minha casa fresca, aconchegada e úmida, a criada sem me avisar abrira um vazio seco. Tratava-se agora de um aposento todo limpo e vibrante como num hospital de loucos onde se retiram os objetos perigosos (1996, p. 26).

A casa própria, o lar que se abre, como numa trajetória vertiginosa, ao vazio, à loucura, à alteridade de corpos atravessados por inscrições políticas – a classe, a raça e finalmente o animal: o corpo outro, irreconhecível, no interior do próprio. Se as retóricas do selvagem permitiam desdobrar estes antagonismos na topografia extensa e mensurável do espaço nacional (e então o selvagem, o bárbaro, a diferença cultural, o outro racial se situam numa distância medível com respeito ao "interior" da nação, tornando-se sempre os signos móveis de um fora demarcável, reconhecível, cartografável), aqui entramos efetivamente em outro umbral: *o da intensidade do vivo, da espessura do bios, como a arena sobre a qual têm lugar os antagonismos e as diferenciações*; mudam a topologia e as matérias a partir dos quais se pensa o político.

Uma vez mais, então, o animal chega à cultura para impugnar uma ordem política. E chega pela mão do "povo" – neste caso, das mulheres do "povo". O animal chega "junto" ao trabalhador, ao empregado, ao explorado, ao escravizado, em seus corpos, como corpo – o corpo das Janaires, das Macabéas, que são o umbral-limite entre um saber sobre o vivente e um silêncio de linguagem, que é de onde Lispector quer escrever, é esse umbral que quer situar (e situar-se: é tal, quem sabe, sua utopia) a partir da escrita. Esse limite vem com o animal e os corpos racializados, antissociais ou pré-sociais, dos anônimos, os ninguéns, os supérfluos. Essa interseção entre o animal e o povo, o povo-animal não refere somente os estereótipos da imaginação civilizatória, racista e classista que "animaliza" os outros sociais: é também *a ferramenta de um saber que desafia uma biopolítica que produz os corpos e os ordena para dominá-los*: para traçar a partir dali as distinções entre as vidas vivíveis e as vidas insignificantes (a Macabéa de *A hora da estrela* será a instância nítida desse novo desafio). O "povo" nunca foi – nunca será – "humano": foi, e continuará sendo, o testemunho desse limite, que comparte com o animal, a partir do qual se traçam hierarquias de classe, raciais, de gênero, sexuais etc., mas a partir do qual também se alteram, se deslocam e se impugnam. Precisamente porque o "povo" é a instância, como diz Agamben (1995), de uma divisão constitutiva entre *bios* e *zoé*, entre vida digna e vida irreconhecível, é que convive junto com o animal nessas zonas fronteiriças do social e da pertença à língua e à cultura: essa convivência é um nó de intensidades políticas que a literatura desdobrará como resposta e desafio.

A membrana e a dobra

A paixão..., então, funciona com base numa interiorização multiplicada: não somente o relato transcorre no interior do apartamento; transcorre no interior do quarto da empregada, que por sua vez demarca o interior do guarda-roupa onde aparece a barata, e por sua vez ilumina o interior do corpo da barata... É, pois, a topologia de um interior do interior, um dentro sem fundo, abismal, o que o texto interroga a partir do espaço doméstico. Há que pensar isto em termos de um deslocamento ou de uma quebra formal pelo qual se passa de uma *imaginação espacial* (dentro/fora) a uma *imaginação do vivente*, corporal, orgânica, onde o que está em jogo é menos uma distribuição entre interior e exterior do que uma visibilidade organizada ao redor das figuras da *membrana* e da *dobra* - quer dizer, uma concepção do vivente como pura fronteira e zona de passagem, como *entre corpos* e como processo de individuação, em lugar de uma noção do corpo enquanto já individuado, com contornos que se fecham sobre uma interioridade unificada.[4]

Em *A paixão...*, produz-se este deslocamento para o vivente a partir da redução do espaço próprio ao corpo, da topografia ao vivo: o quarto se transformará num deserto "primariamente vivo" a que se chega através do corpo ferido, quebrado, da barata:

> A entrada para este quarto só tinha uma passagem, e estreita: pela barata. A barata que enchia o quarto de vibração enfim aberta, as vibrações de seus guizos de cascavel no deserto. Através de dificultoso caminho, eu chegara à profunda incisão na parede que era aquele quarto – e a fenda formava como numa cave um amplo salão natural (1996, pp. 39-40).

Então, não se trata somente de um salto ou de um deslocamento no âmbito do espaço, isto é, de que haja uma interioridade sem fundo, uma dobra dos espaços ali onde não há "fora", mas sim de que essa dobra interior abra uma dimensão que não é espacial, que não é redutível a uma topografia, e que é a dimensão do "*bios*", do vivente que emerge desse dentro multiplicado e proliferante.[5] Esse deslocamento se lê em relação ao corpo da barata, que, em lugar de ser um corpo "organizado", se exibe como uma superposição de "cascas", planos, sedimentos: um corpo feito de membranas aderidas e superpostas:

E eis que eu descobria que, apesar de compacta, ela é formada de cascas e cascas pardas, finas como as de uma cebola, como se cada uma pudesse ser levantada pela unha e no entanto sempre aparecer mais uma casca, e mais uma (1996, p. 37).

Um corpo que abre uma interioridade abismal: no fundo não há nada, não há um núcleo orgânico: há um *vazio* a partir do qual as "cascas", os planos, as peles, as membranas aderem. O corpo é uma membrana: *seu princípio é o da adesão, não o da gênese*.[6] Passamos, pois, da interioridade da casa, do quarto, do doméstico à topologia não mensurável, não cartografável dessa membrana a partir da qual se traça uma epistemologia alternativa dos corpos. De uma política do espaço, e da distribuição de corpos sobre o espaço, passamos a uma interrogação biopolítica, uma indagação sobre a composição do vivo e sobre a feitura disso que chamamos "um corpo" e "uma vida" ali onde se tornam o horizonte de politização – esse é o gesto que tem lugar em *A paixão*...

É justamente nesse mundo doméstico, voltado sobre si mesmo e multiplicado em suas dobras interiores – expansivo, poderia dizer-se, em sua própria interiorização –, que emerge o animal, ou, ou melhor, a relação com o animal. O animal se torna interior, íntimo, interiorizado: vem de "dentro" – ou melhor, traça o umbral de uma nova interioridade que antes corresponde ao éxtimo, quer dizer, a uma interioridade que se exterioriza, ao próprio e à propriedade que se abre à sua fronteira desconhecida, ignorada ou reprimida, e com isso a uma nova topologia ou a um novo ordenamento: o lugar de um deslocamento, de um reordenamento de corpos e de posições ou lugares de corpos. O fora selvagem que dera ao animal um princípio de inteligibilidade se torna aqui doméstico, íntimo; o animal irrompe num dentro que se multiplica em membranas, em umbrais, em dobras, e muda a concepção dos limites e distribuições entre interior e exterior, entre o próprio (e a propriedade, a casa, o corpo, o domínio do "eu" e do indivíduo) e o impróprio. Isto tem uma consequência decisiva: a de complicar a distribuição de posições e lugares nos quais se constitui a diferença humano/animal. *A paixão...* levará a efeito isso em dois momentos. Primeiro, o texto marca o enfrentamento da mulher e da barata tematizando-o em torno do olhar, que é um dos eixos de reflexão sobre a relação humano/animal.[7] No entanto, num segundo momento o texto de Lispector – justamente porque aposta no impessoal, na dessubjetivação – desbarata essa distribuição organizada em torno do olhar porque descobre outra dimensão do vivente, do *bios* onde toda distribuição de posições e de distâncias se transforma em umbral de contato, de fricção e de contágio, e onde os contornos e as fronteiras entre os corpos se tornam instância de tato, de fricção. Mudança, pois, de nível: o "frente a frente" entre animal e humano, esse frente a frente que conjuga o tema do olhar e o reconhecimento a partir de certa posicionalidade e certa distribuição de lugares, aqui é deslocado para uma lógica da interiorização, onde os corpos e seus lugares ou posições são reinscritos e reenquadrados por um *continuum* que reclama outra topologia. Mais que frente a frente, o cara a cara, aqui, como veremos depois, aparece outra dimensão que atravessa os corpos e os lança ou os expõe a outro umbral onde os limites mesmos do corpo individuado – animal ou humano – se põem em questão: uma nova luz, outra epistemologia do que se "dá a ver" e do que se torna enunciável. (*A paixão...* é, neste sentido, um estudo micrológico das forças que atravessam os corpos – mais que uma interrogação sobre um sujeito diante de seu corpo ou diante do corporal, antes uma física das intensidades, imperceptível mas real, em relação à qual um corpo incessantemente *se faz*.)

O que é, pois, um corpo, como se faz visível, como se inscreve a singularidade de seu ter lugar e sobretudo o horizonte de percepção e de exposição diante de outro corpo? Por que esse horizonte de visibilidade e de sensibilidade do corpo é inseparável de um ordenamento político? Como se faz, como se produz, pois, um "indivíduo", um corpo individuado, a que preço, e sobre que gramática de dominação? Essas são as perguntas que estão em jogo na escrita de Lispector e nos animais ou na vida animal que se pensa ali. Trata-se de uma topografia dos corpos, mas também de uma nova caracterização das forças, das matérias e das intensidades que os compõem: não é somente um reordenamento, mas também (e inevitavelmente) uma interrogação acerca da composição dos corpos, seus modos de sua consistência e suas forças. E é em relação a essa interrogação sobre o que é, o que faz, o que forma e deforma "um corpo" que se reinscreve o animal já não como figuração de uma exterioridade ingovernável, mas como índice de uma interioridade tornada espaçamento, umbral.

A vida neutra

Em um momento-chave de *A paixão...*, a "matéria da barata" emerge do corpo partido da barata: "o seu de dentro, a matéria grossa" (11). Essa matéria se torna umbral de transição: a partir dessa perda de forma e dessa rearticulação de limites que mencionávamos antes, a narradora abre um novo terreno de correlação; entramos num plano em que já não se trata do "corpo", mas de uma materialidade orgânica sem forma. A partir dali emerge um novo domínio de experiência ética e, como veremos depois, um terreno de contestação biopolítica: algo que "o corpo" ou a forma-corpo (como modo da individuação, da dobra sobre si mesma, o corpo como corporização do *self*) não permite. Para que haja outra experiência – isso que Lispector chamará "desistência" – tem de rearticular-se primeiro o campo do visível e do sensível: modifica-se o regime de percepção. E essa modificação passa pelo aparecimento e pela visibilidade dessa matéria interior que surge do corpo da barata. O corpo "quebrado" da barata, e o salto de escala e de organização que tem lugar em torno da matéria que surge desse corpo, é o indicador de uma transformação radical dos modos de percepção e de visibilidade do corporal em geral.

O texto chamará "plasma" ("plasma neutro") a essa substância que surge do corpo da barata; o corpo animal perde forma, e portanto poder figurativo; quebra-se, se se quiser, como forma acabada e como figura terminada – e portanto, como tropo, como metáfora[8] – e abre-se ou abre uma materialidade desfigurada, uma materialidade sem limite em relação à qual o texto trabalhará os sentidos de uma nova potência descoberta, que denominará "vida crua" ou "vida neutra". Do animal ou do inseto como corpo reconhecível, formado, ao "plasma" interior está em jogo um desafio à forma como mecanismo da significação – a forma, pois, como significante, como condição para toda representação, para toda figura de linguagem, para todo tropo; o que emerge do corpo da barata é, precisamente, o que resiste a essa operação: o infigurável, não formável, o que escava ou desafia todo fechamento formal.

Essa matéria que emerge em *A paixão...* ressoa em textos posteriores de Lispector, e se torna, em grande medida, projeto de escrita: desconfiar da forma, fraturar os contornos dos corpos, trabalhar uma visibilidade do informe. Nesse projeto, que se vai radicalizando e acentuando, o "plasma", ou a noção mesma de *bios*, começa a adquirir uma centralidade e uma relevância maior. No começo de *Água viva*, por exemplo, diz a narradora: "Continuo com capacidade de raciocínio – já estudei matemática, que é a loucura do raciocínio – mas agora quero o plasma – quero me alimentar diretamente da placenta" (2005, p. 9). Plasma, placenta: Lispector – o gesto se revelará enganoso – parece querer levar-nos a esse umbral herdado da tradição romântica, e depois potenciado pelo vitalismo, em que se trata de capturar, de conectar-se com um princípio vital de fundo, primário, que gera, dá forma e que liberaria a sensibilidade de sua alienação na razão ou na funcionalidade pragmática. Dar com a vida como tal, a vida em si, a vida em sua realidade última... Uma longa tradição a secunda: todo um percurso em torno do "princípio vital" que define episódios-chave do pensamento moderno na América Latina conjugado ao redor do vitalismo.[9] Mas a declaração é enganosa: esse plasma que a escrita diz buscar, essa origem ou "coisa mais primeira" (LISPECTOR, 2005, p. 17)[10] que parece aparentar a escrita de Lispector com as aventuras conceituais do vitalismo, e que parece confiar na capacidade estética de discernir ou revelar essa essência ou fundo último da vida – esse plasma, esse núcleo se revelará evasivo, oblíquo, inassimilável não pela incapacidade do conhecimento ou da sensibilidade para representá-lo, mas por sua natureza mesma: *o bios será irredutível a todo ser, a toda identidade, a toda essência, a toda ontologia e a toda positividade*; essa descoberta é o que ilumina a escrita de Lispector e o que a torna radicalmente contemporânea. Não há vida em última instância *própria*: a vida não é apropriável, não é determinável por um "eu", não é um domínio sobre o qual temos "direitos" (de propriedade, de autonomia etc.). Mas tampouco é o objetivável, o que está disponível para outras formas de poder ou de soberania. O desafio da escrita de Lispector é justamente situar essa vida em sua irredutibilidade, em sua inapropriabilidade por parte dos poderes que a reclamam como seu fundamento – e o que faz é basicamente assinalar que a vida não é fundamento, não funda nada, não é origem nem essência, mas, ao contrário, é vazio, deslocamento, espaçamento, experimento e errância. Ali se situa a política da vida da escrita de Lispector.[11]

Essa é a descoberta que se põe em jogo em Lispector a partir do encontro entre humano e animal. Trata-se, naturalmente, de uma impugnação das hierarquias culturais e políticas específicas da tradição humanista – sem dúvida, este é um impulso decisivo em sua escrita, como o demonstraram Evando Nascimento (2012) e Julieta Yelin (2008b) –, mas também uma interrogação persistente, imperiosa sobre a natureza indeterminada desse *bios* cujos nomes próprios – por exemplo: *humanitas* – se viram postos em suspenso, se não diretamente erodidos, pela experiência histórica do século XX, e em relação ao qual se disputam novas possibilidades de subjetivação, de relação ética e de politização, ali onde esse *bios* estava saturado de sentidos políticos. O itinerário dessa interrogação está demarcado por esse "plasma" que faz seu aparecimento em *A paixão...*, no interior das casas e dos corpos, e a partir do limite entre o humano e o animal.

Plasma e biopolítica

A escrita de Lispector trabalha, então, essa desfiguração do corporal, essa perda de limites e de contornos, a partir da ambivalência entre o humano e o animal que está em jogo a partir do encontro entre a narradora e a barata em *A paixão...* No entanto, não se trata só de uma ambivalência retórica ou conceitual; a partir dessa ambivalência ou desse espaçamento entre "humano" e "animal", o texto de Lispector narra a emergência de uma matéria irredutível a essa polaridade – um *continuum* que o texto se encarregará de pensar como uma nova *substância ética* que desafia certos modos normativos de subjetivação, e uma linha de indagação estética, que interroga regras de percepção e de sensibilidade sobre os corpos e seu ter lugar. Entre o humano e o animal, entre as espécies, emerge algo que não é humano nem animal, uma matéria que elude sua redução a formas e organismos reconhecíveis – essa matéria é o que o texto de Lispector designa de muitas maneiras, mas principalmente como "plasma" – um "plasma neutro", diz a narradora, que emerge do corpo da barata: o interior do corpo do inseto deixa sair essa matéria. *A paixão segundo G.H.* é em grande medida um texto que organiza a possibilidade desse salto na ordem do visível, que, como mencionávamos mais acima, define todo um vetor na escrita posterior de Lispector até *Água viva*. Diz a narradora de *A paixão...*:

> Como chamar de outro modo aquilo horrível e cru, matéria-prima e plasma seco, que ali estava, enquanto eu recuava para dentro de mim em náusea seca, eu caindo

séculos e séculos dentro de uma lama - era lama, e nem sequer lama já seca mas lama ainda úmida e ainda viva... (1996, p. 38).

Trata-se de tornar visível isso "ainda vivo" como puro umbral entre o vivo e o morto: essa linha de passagem que já não se contém sob o signo e o contorno do corpo, de sua forma e de seu tempo ou seu ciclo; o "plasma" é a matéria em torno da qual se põem em jogo essa nova visibilidade e uma nova evidência. "E eu - eu via", diz a narradora. "Não havia como não vê-la. Não havia como negar..." (ibidem, p. 50).

A noção de *plasma* é, evidentemente, uma noção que tem vasto percurso em vocabulários científicos e filosóficos, e ao redor da qual se disputaram modos de visibilizar e de dar conta da forma dos corpos, de suas potências e de sua natureza; conjuga uma ordem do que se pode saber sobre os corpos e sobre a vida que os atravessa e os constrói. Como se sabe, a noção de "plasma germinal", proposta por August Weismann, objetivava reforçar a distinção entre um núcleo biológico - ou, em termos mais contemporâneos, genético - e o corpo que o transporta, isolando dessa maneira o domínio da herança biológica de toda determinação ambiental, ou, em outros casos, como na tradição neolamarckiana que tanta influência teve na América Latina, indicando o terreno de sua plasticidade

(LEMKE, 2011). A noção de plasma define assim uma concepção do vivente a partir de uma diferença interna irredutível entre a manifestação "exterior" que associamos ao corpo e esse núcleo essencial, interno, que constitui a herança biológica, que é o que passa de uma geração a outra e que se constitui, de certas perspectivas biopolíticas, em *patrimônio biológico* em torno do qual se definem construções da pureza racial, herança etc. Por isso o "plasma germinal" se transformará, à medida que avançam as primeiras décadas do século XX, numa categoria-chave para o pensamento eugenésico, justamente porque permite isolar um núcleo biológico que funcionará como fundamento das determinações biopolíticas e como um patrimônio da nação ou da raça por defender e por cultivar.[12] O plasma germinal condensa a herança biológica que a biopolítica, em suas versões diversas, quererá proteger de contágios e misturas: o núcleo de uma pureza por politizar e medicalizar.

De um ponto de vista epistemológico mais geral, a noção de "plasma germinal" – como sua consecução posterior, a noção de "gene" que demarcará a emergência da biologia moderna e seu ramo estelar, a genética – reflete uma constante dos saberes biopolíticos: a de traçar uma distinção entre um núcleo ou essência biológica, que funcionará como o substrato da raça, da nação ou do indivíduo – o patrimônio por preservar, por cultivar, por defender –, e a particularidade de cada corpo, a singularidade de seu aparecer, os laços que pode estabelecer, as qualidades que o definem, os agenciamentos em que habita; enfim, as formas de vida que desdobra. Separa, podemos dizer, cada corpo de si mesmo, isolando isso que constitui sua essência biológica de toda determinação social, cultural, coletiva, de todo agenciamento e de todo laço: tal operação é talvez o ponto de partida do saber e da imaginação biopolítica. Roberto Esposito situa, neste sentido, o germe do pensamento biopolítico na distinção que Xavier Bichat, o pai da anatomia moderna, traçava entre o *l'animal existant au-dedans* e *l'animal existant au-dehors* (o animal "de dentro" e o "animal que existe em relação ao exterior"): para a biopolítica só conta politicamente esse "animal interior" que condensará uma essência biológica convertida em patrimônio por politizar; esse "animal de dentro" se transformará no objeto de saber e de poder, quer dizer, em instância de propertização e de *management* (ESPOSITO, 2007). A noção de "nuda vita" em Agamben – ainda que em outro sentido – reflete esta mesma lógica, pela qual se traça uma distinção entre "formas de vida" e essa vida despojada de toda qualidade e de todo laço, reduzida, se se quiser, a seu núcleo biológico, que se constitui no objeto de poder soberano. Então, o "animal de dentro", a "nuda vita", o "plasma germinal" são noções que refletem essa matriz do pensamento biopolítico pelo qual a inscrição de todo corpo se define a partir de uma separação com respeito a si mesmo, e da possibilidade de isolar nele isso que constitui o patrimônio coletivo da população – ou o que a ameaça. É a partir dessa distinção que se fez possível a biologização de raças, classes e grupos sociais, sua hierarquização e gestão, justamente porque isola e objetiva uma dimensão que se torna a instância de controle, de gestão e de investidura política.

A noção de plasma germinal é, então, central à forma como vida e política se uniram no século XX: é o terreno sobre o qual os corpos e sua vida parecem prometer um objeto que o poder biopolítico poderia gerir, manejar, potenciar, cuidar e otimizar. É uma noção que trabalha uma nova visibilidade política dos corpos: não se trata já do corpo como realidade última das tecnologias do poder, mas como portador de uma carga biológica que é o que vale politicamente, e que atravessa o indivíduo, a pessoa humana, com uma dimensão que a enlaça a uma realidade coletiva – a população, a raça, a nação – para além de toda agência e de todo traço individual; *o plasma germinal é o que conta politicamente*, na medida em que é esse universo o que o enlaça à história (que é a história da raça ou da nação) e ao coletivo, ali onde o social é pensado e imaginado como "população." Então, o plasma indica uma realidade biopolítica-chave na imaginação moderna: faz da vida uma arena de intervenção política dividindo-a de si mesma, traçando essas *cesuras* a partir das quais se ordenam corpos, se traçam hierarquias e se distribuem as vidas por proteger e por projetar no futuro das vidas por explorar e por dispor.

A escrita de Lispector contestará essa lógica fazendo do *bios* decisivamente a instância de um fracasso e de um saber. Por um lado, já em *A paixão...* a aposta é a de dar conta desse "plasma" como positividade: é, de resto, uma substância ou matéria o que surge do corpo da barata, esse "plasma seco", como se a escrita pudesse produzir as condições para fazer visível e para significar uma relação com esse umbral primário, básico e originário da própria vida - esse fundo em que se anuncia o *bios* cujos sentidos a escrita quereria decifrar. Há, neste sentido, uma referencialidade enganosa em certos momentos de *A paixão...* ou de *Água viva*, em que o despojo dos signos do humano - no encontro com a barata, na prosa dessubjetivante - parece dar lugar a um umbral, dimensão ou domínio dessa vida originária despojada de todo atributo - algo assim como a "nuda vita" de que fala Agamben, a vida despojada de toda forma, a vida que não corresponde a nenhuma "forma de vida". Como se a escrita brincasse de produzir as condições ou procedimentos pelos quais essa "vida neutra" pudesse sair à luz, atravessando as fantasias do humano e emergindo na luz de sua positividade como realidade finalmente desvelada, como viagem à origem ou à essência.

Creio, no entanto, que seria um erro ler a escrita de Lispector como revelação ou desvelamento desse umbral primário como positividade e como origem – *como se a "vida" se convertesse num referente ou num objeto de conhecimento definido*. Ao mesmo tempo que emerge como matéria, a escrita desdobra isso vivente como uma instância de indeterminação – justamente, *o que não se constitui como um objeto, identidade, corpo: o não ontologizável*. Escrever o "plasma", escrever essa "vida" neutra e despojada torna-se a arte de um rodeio incessante, de um elidir sistemático. Isso não obedece à natureza inefável do objeto, mas à sua instabilidade inerente, espaçamento, distância, membrana sem ser "próprio"; o *bios* como *entre* corpos que a escrita quer interrogar. Esse "plasma" que emerge como matéria da escrita se transformará – como o quarto em que aparece – num *vazio*, ou melhor: num *espaçamento*: menos um corpo em sua positividade ou um domínio biológico demarcável do que o que passa *entre* corpos, o que traça relações entre eles, o que emerge a partir de uma relacionalidade não predeterminada. *Não já a vida despojada de toda forma* – tal coisa não existe –, *mas a vida aberta à forma como multiplicidade*. O *bios* é uma dobra sem origem nem identidade, que se separa de si mesmo e se agencia; o que sai de si e nisso encontra sua possibilidade e sua condição; o que nunca coincide consigo mesmo.

Um momento de *Água viva* (2005) pode nos ajudar a traçar este percurso. Diz o texto: "Só um espelho vazio é que é o espelho vivo", traçando essa continuidade entre o vivo e a ausência de "eu", de pessoa identificável, que é uma das marcas desta escrita – só se tem acesso ao *bios* uma vez que dissipamos a ilusão ou o engano do "eu" (do "autos"). Ao contrário da imaginação egoica, que faz do espelho o lugar de constituição ou de verificação da existência do eu, aqui o espelho adquire existência quando o sujeito se ausenta: é justamente o vazio deixado pelo sujeito o que permite a "vida" autônoma do espelho. E continua: "Só uma pessoa muito delicada pode entrar no quarto vazio onde há um espelho vazio, e com tal leveza, com tal ausência de si mesma, que a imagem não marca." Trata-se, pois, de um jogo entre vazios: quarto, espelho e pessoa são esvaziados, dessubstancializados, ausentados de todo "si mesmo", para que a partir dessa mesma ausência, a partir dessa ausência deem lugar a isso vivo, com essa vida, ou isso vivente que só parece emergir ali onde o despojo de formas, de atributos e de propriedades não se encontra com uma essência ou um núcleo primário, mas com um vazio que, no entanto, não é a marca de uma negatividade, mas de um espaçamento, de um *entre*, um umbral de intensidade pura. O espelho se torna pura ausência, "a sucessão de escuridões", "é preciso entender a violenta ausência de cor de um espelho para poder recriá-lo" (2005, pp. 83-84), e é essa ausência o que aqui se torna a condição para "ver" o vivo, para perceber esse umbral de vida. Não um núcleo, uma essência oculta, mas uma ausência, um vazio: essa linha de intensidade pura, esse espaço que é pura vibração, é o que aqui se emerge sob o signo do *bios*. Outra formulação: a "vida oblíqua":[13]

> Bem sei que há um desencontro leve entre as coisas, elas quase se chocam, há desencontro entre os seres que se perdem uns aos outros entre palavras que quase não dizem mais nada. Mas quase nos entendemos nesse leve desencontro, nesse quase que é a única forma de suportar a vida em cheio, pois um encontro brusco face a face com ela nos assustaria, espaventaria os seus delicados fios de teia de aranha (2005, p. 70).

Aqui está em jogo uma dupla resposta: por um lado, a impossibilidade "humana" de suportar a vida "de cheio", mas ao mesmo tempo essa vida é pura delicadeza, e é pura rede, teia de aranha; não há, de novo, essência, núcleo, germe; há obliquidade, relacionalidade, laço entre corpos, salto ao vazio que se torna sua própria condição, sua própria linha de desdobramento.

A escrita de Lispector, pois, faz do "plasma" a ocasião para um deslocamento radical: ali onde diz buscar uma substância, um princípio positivo, a instância de uma afirmação ontológica, encontra, sistematicamente, um vazio e um espaçamento, um diferencial ou uma linha de devir que a uma só vez é inseparável dos corpos, mas que traça sua linha de exterioridade, seu empuxo e sua alteridade. *Nisso se joga talvez sua aposta política mais eficaz*: a de disputar os sentidos e os modos de saber que querem fazer dessa "vida neutra" o objeto de uma gestão, de uma apropriação e de uma propriedade individual ou coletiva, quer dizer, o objeto de uma biopolítica. O *bios* que a biopolítica quer como objeto aqui se revela como insubstancial, errático, intangível: é um vazio, a uma só vez irrealidade e princípio de indeterminação e de potência. Nisso consiste a política desta escrita: a de contestar e disputar os sentidos desse *bios*, tornando-o a instância de uma instabilidade irredutível, ali onde o século XX havia feito dele uma positividade controlável e demarcável. Tal é a modernidade radical dos textos de Lispector. Diz que a vida não é objeto nem sujeito, não é origem ou fundamento do eu nem propriedade sobre a qual se traçam formas e sentidos; a vida ali é espaçamento, adesão e desvio; variação e impropriedade.

A escrita de Lispector é, neste sentido, inseparável de uma transformação mais geral que afeta a ordem do visível e do perceptível, a luz que organiza a visibilidade dos corpos e o que nessa visibilidade se constitui em instância de saber, de experiência e de "verdade". Essa mutação, evidentemente, é a uma só vez epistemológica e política: passa por regimes de saber, mas também por usos, cálculos, racionalidades e apropriações disso que em e a partir dos corpos sai à luz. Por isso é chave que o "plasma" jogue um papel tão central em *A paixão...*: é um terreno de disputa acerca do que se faz visível nos corpos, o que atravessando a forma-corpo se torna disponível para o poder – nos sonhos de uma população nacional, racial, capitalizada etc. –, mas também para uma interrogação sobre alternativas em que está em jogo a possibilidade mesma da resistência e de epistemologias e políticas alternativas do vivente. Ali onde a vida se torna puro domínio de apropriação, de saber e de gestão, esvaziar esse domínio de positividade é um gesto decisivo; torná-lo um puro espaçamento, uma relação sem relação, uma multiplicidade não predefinida abre, a uma só vez, a possibilidade de epistemologias e de práticas alternativas sobre o corpo e sobre o vivente.

Corpos quebrados: aborto e escrita

Em *A paixão...* tem lugar uma sequência-chave em torno do aborto. Ante o corpo quebrado da barata, a narradora recorda seu próprio aborto, que emerge no texto sobretudo como uma experiência de saber: a gravidez e o aborto abrem o espaço de relação com essa "vida neutra" no próprio corpo e que agora se desdobra como visão e interpelação a partir do corpo quebrado da barata: quebra-se a forma corpo, o corpo como imagem que se abre e inaugura uma visibilidade nova sobre *isso* que se abriga ali, isso que passa por ali, mas que não se reduz nem se expressa no corpo. "Gravidez: eu fora lançada no alegre horror da vida neutra que vive e se move." A sequência em torno do aborto se amplifica numa reflexão sobre o dar morte – reflexão aqui radicalmente paradoxal, dado que matar inaugura uma relação com a vida neutra: matar abre, como veremos depois, uma "brecha que me mostrou, pior que a morte, que me mostrou a via grossa e neutra..." (1996, pp. 60-61). Matar, então, passa por *quebrar* o corpo: corpos que se abrem, que são "tomados pela cintura" como a barata e a mulher grávida, que se quebram para abrir uma distância – uma relação, uma posição e um tomar posição, um ter lugar – desse "dentro" cuja luz inédita é projetada e desenhada na escrita. O que se mata aqui? Se se mata para dar vida, ou para que a vida se mostre, para que a vida apareça, o que é que morre como objeto da violência? O que se mata, quero sugerir, é a forma-corpo, o corpo como forma definitiva e definida, como contorno separado dos outros corpos e do mundo: o que se mata é *o corpo como medida de representação formal*, como ordenamento da sensibilidade e da percepção. "Um corpo" – ou melhor, o corpo como uno, como unidade, como organismo autocentrado e conjugado em torno de seu próprio eixo, de seu próprio núcleo ou princípio aglutinador: o corpo, enfim, como princípio de individuação, como forma predefinida ou predeterminada de toda individuação, e como sede do indivíduo enquanto presença para si mesmo – o que depois se denomina o "invólucro", o envoltório: isso é o que se quebra.[14] A narradora de Lispector leva adiante, antes de tudo, uma violência formal, uma violência sobre a forma:

> Mãe: matei uma vida (...). Interrompi uma coisa organizada, mãe, e isso é pior que matar, isso me fez entrar por uma brecha que me mostrou, pior que a morte, que me mostrou a via grossa e neutra amarelecendo... (ibidem, p. 61).

Mata-se para ver: para saber. E o que se mata não é a vida, mas o indivíduo, a forma-indivíduo e certo princípio de individuação.[15] Esse é o trabalho incessante, e em muitos sentidos incomparável, que leva a efeito a escrita de Lispector em geral, e de onde traça os vetores que a trazem até o presente: produzir um campo de escrita em que se suspenda esse princípio de individuação que chamamos "o corpo" e que funciona social e politicamente como sede do eu e como ontologia do indivíduo: a sede do próprio, do próprio do eu e da propriedade como princípio humanizador, como norma do humano (NASCIMENTO, op. cit.). A potência da escrita de Lispector reside em que leva a efeito este trabalho estritamente no plano da forma: é a forma-corpo o que se mata e o que se aborta, e que emerge aqui como uma sorte de envoltório, de casca, que já parece não ter espessura nem relevância própria, mas enquanto sede de outra dimensão que é o que o texto persegue, mapeia, registra e imanta em sua prosa:

> Mãe, eu só fiz querer matar, mas olha só o que eu quebrei: quebrei um invólucro! Matar também é proibido porque se quebra o invólucro duro, e fica-se com a vida pastosa. De dentro do invólucro está saindo um coração grosso e branco e vivo com pus, mãe, bendita sois entre as baratas, agora e na hora desta tua minha morte, barata e joia (1996, p. 61).

"Não matarás" é aqui uma interdição formal: não quebrarás o "invólucro", não romperás, não ferirás o corpo da representação, a ordem do visível enquanto corpo definido, delineado; não indagarás sobre isso informe que se anuncia na iminência dos corpos, isso invisível que no entanto sufoca e aturde o reino da representação... O debate é estético na medida em que é epistemológico: debate-se sobre o saber, sobre o visível (sobre o que se pode ver, o que é dado a ver) e sobre as formas da verdade. E debate-se não somente com um campo de representações estéticas, uma tradição literária e cultural, mas também e inevitavelmente com um campo de discursos múltiplos em que ressoa, no caso, o "plasma" como universo de apostas biopolíticas. O que se joga aqui, enfim, é uma disputa - formal, estética e epistemológica - sobre a inteligibilidade dos corpos: sobre o que o corpo deixa ver, faz perceber num campo de saberes multiplicado a partir dos quais se interrogam as "molduras" que fazem inteligível e legível "um corpo", ao mesmo tempo que emergem outras distribuições sobre as quais se jogam definições, apropriações e intervenções sobre a vida (BUTLER, 2004; ROSE, op. cit.). O texto de Lispector é o que traça um vértice a partir do qual esta redistribuição de modos de representação, de visibilidade e de saber se faz explícita, justamente porque o texto *mata o corpo* como princípio básico de inteligibilidade e de representação.

Notavelmente, essa operação passa por dois eixos que pouco têm a ver, aparentemente, entre si: o aborto de uma mulher e o animal. Os corpos que se quebram são os da mulher grávida e do inseto; e nessa quebra emerge este novo universo de sensibilidade. Que acontece entre os dois? A mulher e o animal: dos menos que humanos, já não humanos - recordemos Janair e Macabéa -, dos corpos inumanos justamente porque nenhum cabe já em "um corpo", na forma de um corpo. Entre o corpo feminino (definido por coordenadas de classe e raça, evidentemente) e o corpo animal, nessa aliança que é também uma guerra ou um laço agônico, desfaz-se essa forma-corpo individual, essa individualidade presente a si mesma, isolada e fechada, em sua essência, de todo exterior. Se a "vida humana" se mediu em relação à norma dessa individualidade, o *bios* que Lispector interroga quer tornar impossível todo retorno dessa medida e dessa norma biopolítica.

Sobre o comum

É muito conhecida a sentença de Lispector em *Água viva*: "Escrevo ao correr da máquina. Muita coisa não posso contar. Não vou ser autobiográfica. Quero ser 'bio'" (2005, p. 9).

Que significa "querer ser 'bio'" contra a autobiografia? Como entra em jogo aqui esse "bio" que parece funcionar contra o mecanismo mesmo do *auto*, e de toda *ipseidade*, do que se pode reapropriar, do que volta a si mesmo? O *bios* contra o si mesmo – o *bios* como isso que torna improvável toda reapropriação sem resto, sem opacidade. Autobiografia *versus* bioescrita: a questão é a uma só vez filosófica e formal, a da escrita de uma vida sem forma, uma vida que não termina nunca de formar-se, de concluir-se ou de determinar-se numa subjetividade, num eu como forma privilegiada da vida. Nada, aqui, como acabamos de ver, de restituição a uma origem primigênia, a uma dimensão primária ou anterior que fecharia um universo de sentido: a vida, esse "bios", não é nunca a Vida, não é nunca a metáfora de uma plenitude fundada em certa ordem totalizadora ou numa ontologia do indivíduo (como vida própria, apropriada, formada por um eu), mas, ao contrário, dobra opaca do sentido, linha neutra e dobra de uma diferença que não se pode atribuir a nenhuma ordem – nem à "natureza", nem ao "sujeito", nem à transcendência religiosa nem a um substrato biológico objetivável. *Esse bios é puro horizonte de diferença:* um *diferencial*, uma linha, umbral, movimento onde toda forma, todo ordenamento se enfrenta à sua linha de deformidade, ou melhor, de *informidade*, à sua carência de contorno e de identidade. Essa vida, esse bio é o inapropriável, o impróprio, o que não pode ser reduzido ou codificado sob o signo da propriedade, do sujeito, do social ou do humano (mas tampouco do natural ou do divino): esse campo de imanência é o que Lispector opõe ao *autos*, à autobiografia como escrita – que é também uma matriz – pela qual a vida "própria", individualizada, encontra sua forma, sua narração, a forma de seu tempo e o sentido de seu itinerário.

Aqui estão em jogo, evidentemente, dois sentidos contrários em torno do *bios* – noção que, como já se tornará evidente, longe de oferecer alguma estabilidade semântica, está atravessada por uma espécie de fissura ou tensão interna que impede qualquer fechamento de sentido. Dentro e fora do autobiográfico, a escrita de Lispector oscila entre um *bios* entendido à maneira clássica, como "forma de vida" ou vida qualificada, isto é, vida reconhecida como humana na medida em que adquire uma forma e uma significação que transcende a "mera" continuidade orgânica (LEMKE, op. cit.); ou, ao contrário, o *bios* como isso vivente que excede toda forma e que se torna reflexo opaco de toda subjetividade ou ao menos de toda retórica do "eu". Interessantemente, o primeiro sentido é o que fica sob o signo do autobiográfico: o exercício formal pelo qual *auto* e *bios* se enlaçam na promessa de uma transparência recíproca, onde o vivo se tornará traduzível para um eu e sua vida humana, própria; autobiografia, pois, como promessa de apropriação da vida por parte de um eu, e como exercício de escrita pelo qual a vida adquire um sentido, uma forma, uma narração – a autobiografia, poderíamos dizer, como abandono definitivo do animal que nos habita: como o exercício de um eu sobre esse tempo de vida orgânica para arrancá-lo, na maior medida possível, da contingência natural, de sua biologia como umbral insignificante, para traduzi-lo ou para formatá-lo sob o itinerário de um eu, de um destino, de uma vida narrável. Ali "forma de vida" é a vida de um eu, de um indivíduo: a autobiografia foi (talvez siga sendo-o) o protocolo pelo qual o itinerário multiplicado, heterogêneo, sempre móvel de "uma vida" se reconverte sob o signo de um eu que, com maior ou menor solidez e estabilidade, quer dar-lhe uma forma.

Lispector escolhe a outra opção: a de produzir um modo de escrever que salta a instância desse "eu", desse auto, para passar diretamente a esse umbral não formatável do vivente. Que ganha com esse salto? Não se trata somente de eludir a armadilha do eu como matéria narrativa, nem de se refugiar numa terceira pessoa que, em Lispector, é, sabe-se, de uma precariedade implacável. Trata-se de outra coisa: de que esse *bios* com o qual identifica a escrita é irredutível à forma individual, ou ao indivíduo como *princípio de inteligibilidade*. O *bios* que esta escrita interroga o tempo todo é a uma só vez vazio e relação, ausência e enlace, passagem a um plano virtual em que se jogam a fragilidade e a potência dos corpos em relação. Não há vivente como dobra interior, e como fundo de um corpo individual, mas como contorno de relação, como aderência, como zona de enlace entre corpos e entre materialidades. *A vida, uma vez mais, é o espaçamento, cada vez singular, entre corpos: esse diferencial que relança o campo de possibilidades.* Por isso é irredutível ao "eu" da autobiografia: porque é exatamente seu avesso, ou talvez melhor, seu ponto de excesso, não como pura alteridade, puro Real, umbral de desvanecimento e de abolição da subjetividade, mas, ao contrário, como *entre*, como a possibilidade mesma de que haja *entre* corpos: como esse umbral que não se ajusta a uma ordem de individuações dada e oferece, cada vez, *o entre-dois*, a linha opaca mas potencializadora que relança o campo de relações, de desejos, de lutas, de conexões e repúdios, entre corpos. Contra o *bios* do eu autobiográfico, Lispector lhe opõe o princípio do *comum*, o *bios* como condição da comunidade, precisamente porque subtrai toda essência, toda substância, toda identidade aos corpos e os ilumina na pura heterogeneidade e nessa pura multiplicidade de uma comunidade de corpos. O *bios* é comum na medida em que resiste a toda propriedade, a toda apropriação e a toda privatização, mas ao mesmo tempo é comum porque relança, cada vez, sua força diferencial: seu vazio, e se torna instância ou invenção de comunidade. (Por isso mesmo, o vivente de Lispector tampouco coincide com a "nuda vita" de Agamben, que é a abolição de toda potência e a aniquilação de toda relação. O *bios* "em comum" aqui diz que essa "nuda vita" não existe, ou que só existe como sonho do poder, como fantasia soberana.)

Essa comunidade é irredutível ao humano: é a comunidade dos corpos, a comunidade dos viventes. É feita de linguagens, evidentemente, mas também é feita do nó opaco, do avesso incerto, indeterminado das linguagens: das vibrações, dos sons, dos gritos e dos silêncios mesmos que saem dos corpos, e que aderem às palavras que pronunciamos e aos traços que escrevemos, e que pontuam o sentido em direções alheias às da consciência e da intencionalidade do eu. O *bios* comum é, pois, o vivente ali onde a linguagem o inscreve, dentro e fora da significação: na palavra e na voz, no sentido e nos sentidos. Esse é o *bios* que Lispector persegue, ou o que a assedia: esse *bios* chega à sua escrita com a promessa de outra vida que é a da vida comum, a vida em comum, a vida que não seja sempre já própria, apropriável, privatizável – e portanto capitalizável, objetivável. Essa *vida imprópria* é, se se quiser, a utopia desta escrita – e desta leitura –, e deve entender-se contra o fundo da colonização sem precedentes que as décadas recentes impuseram a essa vida que aqui se quer o tecido do comum, sua possibilidade mesma. Uma política do comum: por isso a escrita de Lispector se torna urgente numa inflexão histórica em que a questão da comunidade e a questão da biopolítica constituem os eixos a partir dos quais se reimagina o político.

Uma comunidade não humana, uma comunidade entre a linguagem e a voz, entre os sentidos e o sentido, a partir de um *bios* que é relação e não essência: no centro dessa reflexão – em seu ponto de partida, que é também o de sua potência e sua realidade – está o animal, sua proximidade incomensurável, sua promessa de justiça que é sua linha de fuga incessante. Ali onde o animal emerge numa proximidade sem lugar predefinido, onde deixa de ser "o outro" do homem (mas tampouco, evidentemente, se identifica com ele), é que se torna a instância a partir da qual se repensa a possibilidade do comum: a partir desse vivente sem nome próprio. Dessa tarefa é feita a escrita incessante de Lispector.

NOTAS

1. Clarice Lispector, *A paixão segundo G.H.* Paris: ALLCA XX/Fondo de Cultura Económica, 1996. Todas as citações remetem a esta edição.
2. "E que ali dentro da minha casa se alojara a estrangeira, a inimiga indiferente" (LISPECTOR, 1996, p. 29). "Allí, dentro de mi casa, se había alojado la extranjera, la enemiga indiferente." (idem, 2010, p. 52)
3. Silviano Santiago interroga estes movimentos em seu estudo sobre a questão animal em Lispector. Ver Silviano Santiago, "Bestiario" (2004, pp. 192-221).
4. "Definir o vivente", escreve Anne Sauvaugarnes a propósito do pensamento deleuziano, "é descrever, como diz Michaux, a vida nas dobras, esse arranjo da matéria que procede da característica funcional da membrana de deixar passar certas substâncias e não outras, e de organizar o espaço a partir de si mesma, segundo a assimetria característica do vivente (...) a membrana constitui literalmente a interioridade, cria-a" ["Définir le vivant c'est décrire, comme le dit Michaux, la vie dans les plis, cet arrangement de la matière qui procède de cette caractéristique fonctionnelle de la membrane de laisser passer certaines substances et non d'autres, et d'organiser l'espace

à partir d'elle-même, selon l'asymétrie caractéristique du vivant (...) la membrane constitue littéralement l'intériorité, elle a crée"]. O corpo – e a distribuição entre interior e exterior que o define – só tem lugar a partir da membrana e obedece a essa lógica pela qual não é senão uma articulação de membranas: "o vivente se caracteriza pelo fato de que ele faz proliferar meios internos e externos no organismo, e absolutamente não se contenta com opor de maneira estática o interior corporal ao mundo exterior" ["le vivant se caractérise par le fait qu'il fait proliférer des milieux intérieurs et extérieurs dans l'organisme, et ne se contente pas du tout d'opposer de manière statique l'interieur corporel au monde extérieur"]. É, pois, a multiplicação e proliferação desse espaço intermédio, desse *entre* que a membrana a uma só vez constitui e desdobra, o que substitui aqui a demarcação formal disso que chamamos "um corpo" (SAUVAUGARNES, 2010, p. 284).

5. Em *Clarice Lispector, Figuras da escrita*, Carlos Mendes de Sousa argumenta que a escrita de Lispector é "a primeira mais radical afirmação de um *não lugar* na literatura brasileira" (2011, p. 14). Em uma literatura marcada por seu interesse em definir a pertença a partir do território, a obra de Lispector trabalha, ao redor desse "não lugar", um impulso de desterritorialização e de interrogação crítica acerca da pertença e da identidade. O crítico trabalha em torno de diversas "figuras" esse não lugar, e o animal será uma delas. O animal em Lispector apontaria para esse umbral de irracionalidade e corporalidade que desarranja toda noção centrada de sujeito, tornando-se um dos signos mais óbvios pelos quais se caracteriza a escrita de Lispector. Animal e escrita se tornam em um sentido intercambiáveis: o primeiro é "figura" da segunda. Trata-se de uma leitura detalhada e exaustiva em chave autorreflexiva e autônoma de Lispector, pela qual os materiais da escrita terminam por conduzir a uma instância onde o que se pensa é a escrita mesma, e onde o não lugar é, claramente, o que se institui a partir do ato de escrever. Aqui interessam outros movimentos: o *bios* como informe, mais que a figura do animal, e a politização dos materiais da escrita, ali onde o gesto autorreflexivo é implacavelmente transbordado por uma tensão que a escrita já não pode conter.

6. Reconhecer-se-ão aqui alguns dos princípios em torno da individuação segundo George Simondon (2010).

7. Por exemplo, Derrida começa seu *L'animal que donc je suis* a partir do olhar do gato em sua casa; em outro registro, Bill Viola trabalha o olhar das aves – ou, talvez mais precisamente, os olhos – como instância de um reflexo irreconhecível, em *I do not know that it is that I am like*, de 2004. A questão do olhar animal e da reciprocidade que se joga ante o olhar humano é um dos materiais centrais da discussão em torno da questão animal, e dispõe o espaço para pensar a subjetividade animal em termos de concepções não antropocêntricas de sujeito que se jogam, precisamente, em torno da densidade e profundidade do olhar animal: ali se lê uma reciprocidade intraduzível à linguagem, mas articulável em termos de afeto e sensibilidade.

8. Em seu já citado *Figuras da escrita*, Carlos Mendes de Sousa lê a questão animal nessa direção.

9. Ver Maria Pia Lopez, *Hacia la vida intensa* (2009).

10. "a coisa mais primordial" (idem, ibidem, p. 19).

11. Ressoa, uma vez mais, com a noção deleuziana de vida, que implica pensar que "o vivente formado está em excesso em sua própria organização, em que a evolução o atravessa e o desborda" ["le vivant formé est en excès sur sa propre organization, en quoi l'évolution le traverse et le déborde"] e que, portanto, não se reconhece numa forma ou num corpo determinado, e sim nessa abertura e nesse desbordamento (ZOURABICHVILI, 2003, p. 88).

12. Ver Nancy Stepan, *The Hour of Eugenics* (1991); Adriana Miranda & Gustavo Vallejo, (comps.), *Darwinismo social y eugenesia en el mundo latino* (2005), especialmente Susana García, "Herencia biológica en el discurso de naturalistas argentinos de principios del siglo XX", pp. 535-562.

13. Ver Gina Saraceni, "La intimidad salvaje. El grado animal de la lengua" (2012, pp. 163-179).

14. Para a noção de individuação, ver SIMONDON, op. cit.

15. Referindo-se a *A hora da estrela*, Marta Peixoto assinala uma operação semelhante: "Sangue e vômito, obsessivamente frequentes neste texto, assinalam a abertura do corpo e a ruptura do seu sistema autocercado" ["Blood and vomit, obsessively frequent in this text, signal the opening up of the body and the rupture of its self-enclosed system"] (1994, p. 94).

Excurso. *O animal comunista*

No final dos anos 1930, quando, podemos imaginar, Lispector começava a escrever o que seria seu primeiro romance, *Perto do coração selvagem* (publicado em 1943), em que sua protagonista, Joana, "sentia dentro de si um animal perfeito, cheio de inconsequências, de egoísmo e vitalidade",[1] fazendo do animal o signo dessa vida que já não se podia confinar nem se canalizar nos limites de um corpo feminino disciplinado e normalizado, nesses mesmos anos tinha lugar, numa prisão do Rio de Janeiro, uma cena que unia de modos muito diferentes, ainda que talvez não de todo alheios, animalidade, política e resistência. Nessa cena que tem lugar em 1937, Heráclito Sobral Pinto – um advogado opositor do regime de Getúlio Vargas – ensaia um recurso legal inédito: invoca os direitos animais para defender a vida de um preso político. O preso é Harry Berger, um dos líderes, junto com Luiz Carlos Prestes, da *Revolta Vermelha de 35* (ou *Intentona Comunista*), a primeira revolta comunista na América do Sul. Desde sua prisão em 1935, Berger vinha sofrendo torturas e vivendo em condições infra-humanas de vida que punham em risco sua sobrevivência. Harry Berger (cujo nome real era Arthur Ernest Ewert) era um judeu alemão, quadro do Partido Comunista, que havia viajado de Moscou para organizar, junto a grupos locais, a possibilidade comunista no Brasil ativando setores progressistas do exército brasileiro. Pronto encontrará seu destino sul-americano: a revolta será esmagada pelas forças de Getúlio Vargas, e seus líderes presos, quando não diretamente deportados (como o caso das esposas de Prestes e de Berger, que foram enviadas à Alemanha, onde as internaram em campos de concentração nazista). Vargas aproveita a revolta para declarar o estado de exceção e instituir um Tribunal de Segurança Nacional que determinará os destinos destes presos políticos. Harry Berger levará a pior: torturado, mal alimentado, isolado (não fala português), será arrojado a uma espécie de porão da sede da "polícia especial" do Rio de Janeiro, onde permanecerá por mais de dois anos. A prisão como zona de exceção soberana: Harry Berger – estrangeiro, judeu, comunista – se somará dali ao desfile incessante dos *homo sacer* latino-americanos.

Depois de repetidos e inúteis *habeas corpus* que lhe demonstram que o estado de exceção mudou definitivamente as regras de jogo jurídicas, o advogado Sobral Pinto recorre a uma tática sem dúvida teatral, mas ao mesmo tempo reveladora: invoca o *Decreto de Proteção dos Animais* que o mesmo governo de Vargas havia instituído em 1934, e que dispunha, entre outras coisas, que "Todos os animais existentes no país são tutelados do Estado" e que "Aquele que, em lugar público ou privado, aplicar ou fizer aplicar maus-tratos aos animais incorrerá em multa (...) e na pena de prisão celular...". O decreto continuava a linha de uma legislação bastante avançada que, desde a década de 1920, havia perseguido no Brasil diversas formas de crueldade animal, como as rinhas de galos e as touradas. No entanto, dava um passo além: definia os animais como sujeitos de direito que podiam ser representados pelo Estado,[2] e traçava de modo específico as condições de bem-estar de que devia gozar todo animal que ficava, agora, sob a proteção do Estado nacional. Diz, por exemplo, que "mau trato" inclui "manter animais em lugares anti-higiênicos ou que lhes impeçam a respiração, o movimento ou o descanso, ou os privem de ar ou luz": tal, diz o advogado, é a situação de Harry Berger em sua prisão ilegal (PINTO, 1979, p. 75). O gesto é notável: já que o corpo do preso não parecia reconhecível nem sequer pelo recurso extremo do *habeas corpus*, o advogado o torna contíguo ao animal; se esse corpo não pode ser tratado sob os direitos da pessoa, que seja tratado sob os direitos dos animais: sua existência não deve ser uma exceção à lei dos corpos; a prisão não pode ser diferente das granjas, dos criadouros ou dos próprios matadouros, cujas crueldades estavam, ao menos em teoria, sendo controladas e mitigadas pelo mesmo Estado. Para acentuar a vigência dos direitos animais, Sobral Pinto junta à petição uma notícia jornalística na qual a justiça havia condenado à prisão um indivíduo que havia castigado violentamente seu cavalo até matá-lo; o mesmo Estado, parece dizer o advogado, é o que castiga a violência contra o animal, mas a perpetra contra os presos.

Provavelmente sem suspeitá-lo, Sobral Pinto põe em cena as contradições de um Estado nitidamente biopolítico, isto é, um Estado que se autodefine como protetor da vida, mas que por isso mesmo é capaz de reduzir a despojo a existência de certos corpos; que faz dos animais "em geral" corpos reconhecíveis para a lei, mas que faz do corpo marcado de um preso uma figura irreconhecível, juridicamente ilegível, ontologicamente incerta – um Estado que substitui, enfim, a distinção ontológica entre humano e animal pela diferença móvel, ambivalente e, sempre, política entre *bios* e *zoé*. Efetivamente, Sobral Pinto parece implicar que, quando a lei diz que "Todos os animais existentes no país são tutelados do Estado", esse "animal" não pode ser claramente distinguido do "animal humano", que todos os corpos animais – e que o corpo humano em sua parte animal – estão, em princípio, sob proteção do

Estado; que o ser humano e o animal se encontram, enfim, nessa zona de indeterminação que é a da vida dos corpos. Entre as máquinas do fascismo latino-americano que se estão ativando para as décadas por vir e a possibilidade da revolução, o corpo de Harry Berger se torna o ponto cego das linguagens da lei: a vida fora da lei, humano-animal, transformada em terreno da violência e da resistência.

O gesto do advogado é, dizíamos, teatral; eu gostaria de sugerir, no entanto, que em sua mesma teatralidade ilumina uma verdade histórica: a do momento em que a questão dos direitos políticos da pessoa (que depois serão os "direitos humanos" que constituem o fundamento de nosso presente – ainda não se dera a Declaração dos Direitos do Homem de 1948) se exibe em toda a sua violência e ao mesmo tempo em distância insuperável com respeito a uma vida biológica que aparece como intraduzível para as linguagens da lei: a instância de – como assinala Roberto Esposito – um deslocamento irreparável entre a "pessoa humana" e esse "corpo vivente" crescentemente opaco às construções jurídicas e políticas que o querem definir. Mas também, ao fazer da vida animal do preso o eixo de resposta à violência soberana, Sobral Pinto está fazendo algo mais que assinalar as contradições jurídicas e políticas do Estado; está marcando o momento em que os nomes do humano, as construções jurídicas, políticas, culturais que haviam definido o próprio do homem e que haviam, em grande medida, surgido do solo do humanismo europeu já não serviam para significar o universo de lutas e de violências que estava emergindo; em que as invocações ao humanismo começam a soar falsas, e em que em todo caso já não serviam para evitar a violência genocida em germe; em que, enfim, as figuras do humano que haviam povoado os sonhos civilizatórios e modernizadores dessas nações pós-coloniais já não iam dar sentido às urgências, à vulnerabilidade, ao desamparo dos corpos – nem, evidentemente, a suas potências e a suas possibilidades. O corpo do preso político já não é inteligível sob o signo do humano: essa vida (a vida, insisto, de um judeu, de um comunista alemão lutando pela revolução no Brasil) em torno da qual se enfrentam nada menos que a máquina soberana moderna e a possibilidade da revolução comunista – essa vida, poderíamos dizer, que é uma vida em seu século, uma vida do século XX –, essa vida já não se acomoda, e já não se acomodará, aos nomes do "humano". O corpo e a vida, ali onde são atravessados pelos sonhos e pelos pesadelos da política, deixam de responder às representações humanistas: nesse solo comum, a história de Berger e a escrita de Lispector se tornam contemporâneas.

Diante do preso político, o advogado põe o espelho do animal; faz que se reflita nele. Mas os direitos animais tampouco servem, evidentemente, para nomear esse corpo: justamente, o que a história de Harry Berger nos ensina também é que ali onde se suspende o humano entra em crise sua contraface sistemática e complementar do "animal" entendido como pura alteridade do homem. Entre humano e animal, o que emerge é um *vivente* como terreno instável que excede a ontologia da espécie e que se constitui na arena do político, justamente porque é irredutível ao discurso dos "direitos". É contra o fundo desse terreno instável, dessa vida sem nome próprio, que terão lugar as interseções entre cultura e biopolítica das décadas seguintes.

NOTAS

1. "O que seria", pensa Joana, a protagonista, "então aquela sensação de força contida, pronta para rebentar em violência, aquela sede de empregá-la de olhos fechados, inteira, com a segurança irrefletida de uma fera? (...) Sentia dentro de si um animal perfeito, cheio de inconsequências, de egoísmo e vitalidade" (LISPECTOR, *Perto do coração selvagem*, 1980, p. 18).
2. Art. 2: "Os animais serão assistidos em juízo pelos representantes do Ministério Público, seus substitutos legais e pelos membros das sociedades protetoras de animais."

ns queer
3. A lição animal: pedagogias *queer*

LIÇÃO I
O animal, o espectro, o cinema: Puig

1. O BEIJO DO ANIMAL

Uma mulher estranha – "*vê-se que tem algo estranho*" – no zoológico, diante da jaula de uma pantera. Algo na cena faz visível, de modo indefinido, sua estranheza – que "*não é uma mulher como todas*". Trata-se de uma mulher-animal; isso explica a obscura afinidade que se adivinha entre a mulher e as feras, uma afinidade que, ficamos sabendo depois, tem a ver com a sexualidade e com um passado inominável, com outro tempo e outra memória. Estamos numa cena de *Cat People*, tal como a narra Molina em *O beijo da mulher-aranha*. Como se recordará, Molina relata o filme de Tourneur em que mulheres da distante Transilvânia copularam com o diabo; dessa mestiçagem inaudita surge uma raça de mulheres-panteras que, ante a possibilidade de um encontro sexual com um homem, se transformam e os despedaçam. Tal é a estranheza da mulher estranha: algo que não se enquadra na heterossexualidade nem na espécie humana e que a ameaça, algo que passa pela sexualidade e que desvia a reprodução do humano. *Cat People*, mulher-aranha: a estranheza passa por, e vem de, animais. E desperta uma sexualidade contra a espécie: o texto de Puig se desdobrará sob a luz dessa estranheza.

É sem dúvida significativo que o texto que cristalizou como provavelmente nenhum outro na literatura latino-americana a dimensão política da homossexualidade, que fez da homossexualidade um espaço de potência política narrando o encontro entre a louca e o militante na prisão-centro de torturas – e que, ao mesmo tempo, fez da produção de subjetividades uma chave para entender a política futura –, o texto, enfim, que literalizou a dimensão política da sexualidade que em escritas prévias permanecia latente ou metafórica, marcando, para muitos críticos, uma inflexão identitária e pública na inscrição das sexualidades não normativas na literatura latino-americana[1] – é significativo, dizia, que esse texto ponha em cena, desde sua primeira linha, uma sexualidade não humana, um umbral ou um espaço de ambivalência irredutível entre humano e animal a partir do qual codifica corpos, desejos e afetos. Não seria este o texto a partir do qual a cultura recanalizaria para a política essas sexualidades que haviam ficado sempre marcadas sob o signo do abjeto, do ominoso, ou, no melhor dos casos, do irreal e do quimérico? Não é este o momento em que a partir da cultura se verifica o fato de que homossexuais e estranhos são, finalmente, humanos e como tais reconhecíveis como lugares de enunciação políticos? O texto de Puig foi, para muitos (e por boas razões), a instância pela qual certa reconfiguração da ideia de literatura e de cultura abre o espaço para uma subjetividade - a dos corpos com "algo estranho", como a mulher que abre o texto - que começa a fazer parte das articulações entre cultura e política: emergência, pois, de uma identidade; do espaço, das retóricas, das figuras de uma identidade homossexual como possibilidade das linguagens compartilhadas.

Se se tratava, então, do texto que daria "cartas de cidadania" ao homossexual na cultura, que fazem os animais aí? Por que essa identidade possível, ou essa subjetividade incipiente, emerge atravessada pela linha de sombra do inumano, do híbrido humano-animal que poderia ser, também, o monstro? Por que a entrada do homossexual na pólis - tal, se poderia argumentar, é o sentido das lições de igualdade que Valentín lhe dá a Molina - e, portanto, no jogo de uma legibilidade política e social tem lugar sob o signo destas figuras irreconhecíveis? Há algo decisivo neste gesto do texto de Puig, e que passa pela dissimetria entre os corpos sexualizados e politizados que põe em cena, e a legibilidade do humano, da vida e da subjetividade "humanas". Os sentidos dessa dissimetria, quero sugerir, codificam muitas das políticas sexoculturais depois de *O beijo...* (ao mesmo tempo que leem muitas das inscrições prévias da dissidência sexual); essa dissimetria entre corpo desejante e a norma do humano condensa, poderíamos dizer, as relações entre uma série de práticas culturais ou estéticas conjugadas em torno de uma corporalidade cada vez menos reconhecível, antinormativa, e as "políticas da identidade" próprias das democracias pós-disciplinares.

Com efeito, o signo do animal – signo no sentido deleuziano, como captura de um núcleo de forças e de passagem de intensidades, e não, evidentemente, como metáfora (SAUVAGNARGUES, op. cit.) – traça uma série a partir da qual a cultura mapeia sexualidades, corpos e desejos antinormativos, e define uma regularidade da cultura, um repertório de lugares de linguagem que atravessa textos diversos e define possibilidades estéticas. Essa regularidade passa pela união sistemática de animalidade e sexualidades *queer*; essa união configura epistemologias do corpo e do vivente que disputam e contestam construções normativas sobre a vida humana.

Uma das hipóteses para ler esses cruzamentos entre "animal" e "queer" na cultura (cruzamentos que, como veremos imediatamente, são sistemáticos e a uma só vez heterogêneos) diz que *o animal não naturaliza, mas sim politiza*; o animal não remete a um universo pré-tecnológico, pré-social, a uma natureza originária, mas, ao contrário, é um signo político que põe sob suspeita as evidências do humano, fazendo dos corpos uma realidade em disputa, e pondo o sexo, a reprodução, o corpo genérico e a definição mesma de "espécie" no centro da imaginação do político. Ilumina justamente este pôr em experimentação e em variação o corpo, um corpo sempre já marcado pela norma sexual e genérica,[2] e marca um itinerário central em certa imaginação da cultura latino-americana: faz dos corpos um campo de exercícios ou de experimentos em que estão em jogo a norma do humano e o estatuto político do vivente; traça assim uma "aliança biopolítica" contra a legibilidade normativa do humano, contra suas pedagogias culturais, contra suas ontologias políticas; trata-se de pensar como ler essa aliança de modo que não constitua um somatório de "diferenças" ("animal", "gay", "trans"), mas que, ao contrário, ilumine epistemologias e políticas alternativas do vivente em que o que está em jogo é uma reinvenção do *comum* entre os corpos. Essa possibilidade é, creio, a que se abre a partir destes corpos sexualizados e politizados que a cultura encena ao redor do animal: um campo de saberes alternativos sobre o corpo, e uma política do comum.

2. ANIMAIS *QUEER*

Essa interseção entre "animal" e "queer" ressoa, como dizíamos antes, numa diversidade de materiais da cultura latino-americana. Uma fauna incessante: pensemos nos *tadeys* de Osvaldo Lamborghini, nos ratos de Bianco, nos textos de Copi, repletos de devires animais e de mutações entre espécies (como as transexuais/transespécie de *La guerra de las maricanas*), o "homem que se parecia com um cavalo" do guatemalteco Rafael Arévalo, para citar alguns textos clássicos. Podemos acrescentar-lhes exemplos de produção mais recente: *XXY* (LUCÍA PUENZO, 2007) e *Ultimo verano de la Boyita* (JULIA SOLOMONOFF, 2009), dois filmes sobre corpos e subjetividades intersex, que rodeiam os corpos dos protagonistas de corpos animais, como se fosse uma regra de sua visibilidade; a escrita de João Gilberto Noll, que, como veremos depois, se conjuga decisivamente ao redor de mutações corporais que passam sistematicamente pelo animal; *Dame pelota*, de Dalia Rosetti, cuja protagonista sai da favela pelos túneis que lhe abre um rato apaixonadiço, herdeiro de Copi, com o qual inaugura uma prole interespécie... Não surpreende esta insistência: a inscrição de corpos e desejos dissidentes na imaginação cultural implicou não só um pôr em crise gramáticas de reconhecimento social dos corpos – seu reconhecimento como parte da nação, de uma classe social, de uma raça etc. -, mas, simultaneamente, uma crise de sua pertença à espécie humana mesma: os corpos e sexualidades não normativos marcaram, sistematicamente, um limite da legibilidade da vida humana ou da subjetividade propriamente (quer dizer, normativamente) humana. É esse limite que a cultura torna campo de interrogações e de jogo: dali desafia os modos como o corpo se faz visível, perceptível, como se entende como parte de um universo social. Estas interrogações adotam dois percursos: por um lado, as inscrições e experimentações com a identidade de gênero e com o sexo anatômico, contestando o binarismo genérico, põem em questão também a pertença à espécie: *sair do gênero normativo é sempre, em alguma medida, sair da espécie*; a reconhecibilidade da espécie humana passa por ter um gênero legível, identificável. "Reivindico", diz Susy Shock, a poeta e performer trans, "meu direito de ser um monstro": o corpo trans é uma interpelação à legibilidade normativa da espécie, interpelação que muitas vezes passa por figurações do animal (Copi, por exemplo, fará desse umbral transexual e transespécie um universo narrativo).

Por outro lado, se levamos em conta que em sua definição moderna, biologista, a espécie supõe a capacidade de reproduzir espécimes viáveis (quer dizer, pertencer à espécie é poder gerar corpos que a reproduzam: o núcleo da espécie é a capacidade reprodutiva, a capacidade de perpetuar a mesma configuração genética [WILKINS, 2009]), é evidente que as sexualidades não normativas são uma ameaça a esse princípio de reprodução: filiações mescladas, híbridas, alianças entre heterogêneos são as linhagens dos corpos *queer*; esterilidade e multiplicação são as síndromes paradoxais de sua potência reprodutiva, dado que, se as sexualidades não normativas foram, desde o século XIX, assimiladas quase automaticamente a uma sexualidade não reprodutiva (o homossexual, a lésbica como os corpos estéreis, improdutivos), quando as novas famílias homoparentais querem reproduzir-se são inevitavelmente associadas à reprodutibilidade maquinal, pós-orgânica e serial, do clone.[3]

Então, o que fazem estes materiais estéticos trabalhando o cruzamento entre o animal e desejos e corpos *queer* é desdobrar imagens, figuras, narrações, linguagens que interrogam e contestam a espécie (e o "discurso da espécie" de que fala Cary Wolfe) como uma sorte de sedimento ou de solo no qual se materializam construções biopolíticas do gênero e a sexualidade desde as quais se faz legível a "vida humana". Não se trata somente de figuras retóricas a partir das quais se nomeia uma diferença sexual, social etc.; trata-se antes de ficções que tensionam os modos de representar, perceber, visibilizar os corpos para ensaiar produções de subjetividade que passam por corpos em relação, e por novos modos de "fazer" corpos. A estranheza sexual e corporal desta *animalia* marca um processo da cultura em que as práticas estéticas interrogam epistemologias e saberes alternativos sobre o corpo e sobre o vivente em contextos históricos de crescente normalização e controle biopolítico.

Por que o animal e não, por exemplo, o monstro? Porque o animal teve uma recorrência mais sistemática na imaginação cultural: foi uma matriz de alteridade, um mecanismo fundacional de classificação e diferenciação hierárquica e política entre corpos, e ao mesmo tempo uma figura próxima e universal. O animal funcionou como o outro constitutivo e "imediato" do humanismo moderno: toda distinção hierárquica entre classes, raças, gêneros, sexualidades etc.; todo antagonismo social ou político; toda cesura biopolítica entre corpos passa, quase invariavelmente, pelo animal. É a partir dessa sistematicidade da alteridade animal que a cultura trabalhou sentidos em torno de corpos e desejos não normativos: ali encontra essas linhas de passagem, de contágio, de metamorfose e mutação, essas zonas de indiscernibilidade que suspendem o pressuposto da espécie como gramática de reconhecimento.

Poder-se-ia argumentar que esta equação entre "queer" e "animal" é uma equação fechada – que responde a uma tradição de exclusão e de desumanização de corpos e desejos dissidentes, tradição que se estaria revertendo nas últimas décadas, quando grupos excluídos por sua orientação sexual ou identidade de gênero haveriam alcançado um reconhecimento político, jurídico e social que os atribui a lugares sociais e que faz das sexualidades não normativas uma nova energia que agora se assimila, de maneiras específicas, ao campo social. A aprovação recente na Argentina das leis de casamento igualitário e de identidade de gênero seriam um indicador desta transformação; os corpos GLTTB já não seriam outros biopolíticos: finalmente, a ordem legal haveria feito novos lugares para estes corpos no interior da ordem social. Deste ponto de vista, esta interseção entre o animal e a dissidência sexual na cultura – a mulher-aranha, os *tadeys*, os ratos etc. – é a reflexão cultural de uma biopolítica que marcou estes corpos como abjetos, objeto de violência e de abandono que a história da assimilação social da homossexualidade e das subjetividades trans estaria em vias de corrigir, justamente quando vão deixando de marcar linhas de dissidência. A conexão sistemática entre *queer* e animal que, segundo vimos, marca toda uma série da cultura moderna latino-americana pertenceria, assim, à história da imaginação cultural e política mais que a uma história dos corpos: à história das operações de desumanização que nutriram as violências contra todo corpo e sexualidade dissidente. Os corpos GLTTB agora seriam *pessoas humanas*; a fase da outrorização cultural – da qual o animal é, dizíamos, um marcador-chave – haveria sido atravessada: os *estranhos* fazem parte, finalmente, da família social e portanto da família da espécie – a família, evidentemente, como marcador de inclusão social e biopolítico.

No entanto, também se podem ler estes textos de outro modo, e em relação a outra política. Pode-se argumentar que estes animais *queer* da cultura, mais que condensar as marcas da violência social, e o não lugar destes corpos na temporalidade coletiva e em suas narrativas de futuridade, podem ler-se em relação a uma exploração biopolítica sobre a materialidade dos corpos e sobre seus saberes, sobre esse espaço entre pessoa e não pessoa que se torna instância de experimentação, e sobre os modos de corporização (BRAIDOTTI) e de agenciamento entre corpos como instâncias de produção de desejos e de afetos além (ou aquém) das retóricas da identidade. Mais que um marcador de operações de estigmatização e de exclusão, essa interseção entre animal e *queer* é uma *hipótese sobre o corpo*, sobre modos de corporização, sobre o entre corpos como umbral onde emergem afetos e modos de sensibilidade alternativos. Trabalha ali onde o corpo se torna a chave da subjetividade, onde a distinção entre sujeito e corpo se estuma, desafiando isso que Roberto Esposito denominou "dispositivo da pessoa" (2007), que funciona sobre a distribuição normativa entre a pessoa e o corpo em que se implanta; estes animais *queer* da cultura, em contrapartida, contestam as distinções entre pessoa e não pessoa, elaborando outros modos de fazer visíveis e legíveis os corpos.

Neste sentido, a união de "animal" e "queer" é uma *produção de saber*:[4] um modo de produzir saber sobre o corpo, sobre o vivente, sobre o desejo e o afeto – e que, como tais, respondem menos a uma política da assimilação comunitária e a uma história das lutas pela inclusão social do que a uma política do vivente no limite mesmo do social. Parece-me que, enfim, a imaginação estética ao redor do animal trabalha sobre outras regras de visibilidade do corpo, e funciona como um saber sobre o vivente e não só como figurações da violência normalizadora. A ficção em torno/a partir do animal, as práticas estéticas sobre a animalidade, então, como uma ferramenta para mapear saberes e políticas em torno do vivente como tal, e não só como reflexão da construção e desconstrução das "identidades" discursivas e sociais, da performatividade como constituição de subjetividades – nesse salto de escalas ou nesse giro não há relevo ou superação do animal; o animal não é índice de um passado de exclusão e de perseguição, mas a instância de outra temporalidade, de outra política e de outros sentidos potenciais da sexualidade.

3. O ANIMAL, O ESPECTRO:
A VIDA DE UMA MULHER-ARANHA

Voltemos a isso "estranho" que "se vê" nos corpos de Puig. Se por um lado, aparentemente, o romance traça um espaço de desejo entre dois personagens que são duas identidades sociais e culturais reconhecíveis (o militante, a louca), por outro o texto desdobra nas linguagens destes personagens – essas linguagens que originam seus lugares de sujeito – percursos de desejo que passam por outra sintonia, por outro registro de afetos, sensações que escapam ao universo do pessoal e do socializado – este é, como foi assinalado, o poder incomparável da escrita de Puig: o de traficar intensidades pré-individuais, opacas para o sujeito dentro do universo do clichê, onde o lugar-comum da subjetividade abriga numa justaposição surdinada esse outro fluxo assignificante, inconsciente, apessoal.[5] Esse fluxo ressoa nesses corpos humano-animais, que vão desde a mulher-pantera até a mulher-aranha – corpos que abrem zonas ou umbrais de indistinção entre espécies, ou que saem da espécie. O texto de Puig quer registrar modos do sensível para isso que nos corpos não se contém numa forma reconhecível e delimitável: linhas de intensidade, de afeto, de desejo, que passam por esse umbral ou essa dobra do animal que constitui e atravessa os corpos humanos, suas imagens, suas subjetividades e seus afetos. O animal é chave não porque tenha um protagonismo temático no romance – obviamente não o tem –, mas antes porque ilumina essa zona ou esse contorno não humano que percorre e define muitos dos materiais que o texto põe em cena e que ilumina a natureza do desejo e a feitura dos corpos.

O animal em *O beijo...* é sempre uma zona de hibridação e mistura, não só com o humano, mas fundamentalmente porque está sempre já atravessado pela tecnologia – pelo cinema. O animal em Puig não é um exemplar da "natureza": é um *tecnovivente*, um corpo sempre já constituído pela relação com a tecnologia: com o cinema – sua existência mesma é inseparável do aparato de captura e produção de imagens. São animais visuais, pura imagem sem corpo referencial: *um arquivo de corpos virtuais*. Pensemos na pantera do começo de *Cat People*: habita entre a narração de Molina, o filme de Tourneur e os desenhos que faz a protagonista (Irena é, se recordará, desenhista: faz uma mostra com seus trabalhos sobre as panteras). É um corpo (como em geral os corpos em *O beijo...*) que atravessa meios semióticos, suportes textuais diversos: não tem nenhum fixo, não se estabiliza em nenhum; não se contém num meio nem num gênero – e, portanto, num "mundo" ou universo de sentido, num contexto ou horizonte de referência (o que no animal seria um habitat supostamente próprio).

É um corpo em interface, entre meios e entre linguagens: pura desterritorialização e captura no arquivo. O texto de Puig trabalha sobre este arquivo de imagens - geradas, evidentemente, no cinema - que são, elas mesmas, arquivos de corpos, traços, vestígios; é nessa passagem entre meios - cinema, desenho, narração, voz, escrita - e em sua definição ambivalente - entre humano e animal - que estes corpos mistos do texto de Puig revelam sua especificidade estética, porque revelam ou abrem um estatuto que lhes é próprio: corpos sem original, sem referência a um universo originário, sem "contexto": *o animal é uma ontologia frágil, sem realidade própria.*

Este corpo desterritorializado, tornado arquivo semiótico, entre o orgânico e o tecnológico, é um corpo que perde contorno, forma, definição: o animal marca um umbral de *desfigura*ção. Os animais de *O beijo...* não podem estabilizar uma forma-corpo: são mais um canal de intensidades - de forças, de afeto e de desejo - do que um organismo formado e individuado (neste ponto, Perlongher invocava a "aracneidade" de Molina para falar do devir-mulher contra "o destino 'natural' dos corpos físicos" [2002, p. 577]).[6] Repassemos a descrição do corpo da mulher-aranha, ao final do romance:

> (...) uma mulher muito estranha, de vestido longo que brilha, "de lamê prateado, que lhe ajusta a figura como

uma bainha?", sim, "e o rosto?", usa uma máscara, também prateada, mas... coitadinha... não pode se mover, aí no mais espesso da selva está presa, numa teia de aranha, ou não, a teia de aranha lhe cresce do corpo dela mesma, da cintura e dos quadris lhe saem os fios, é parte do corpo dela, uns fios peludos como cordas que me dão muito nojo, ainda que talvez acariciando-os sejam tão suaves como sabe-se lá o quê, mas me dá certa aflição tocá-los, "não fala?", não, está chorando, ou não, está sorrindo mas lhe escorre uma lágrima pela máscara, "uma lágrima que brilha como um diamante?", sim... (PUIG, 1994, p. 195).

Outra mulher estranha; mas, se no primeiro caso o que acontecia entre a mulher e a pantera era mais uma sintonia, um aliança invisível, aqui o corpo mesmo se desfaz nessa lágrima-diamante e nesses "fios peludos" que saem do corpo e que são a instância de um afeto indiscernível, ambíguo ("como quem sabe que..."). Essa parte animal do corpo da mulher-aranha se combina com outros materiais e planos: o traje e a máscara brilhantes, com a textura da tela de cinema, a lágrima-diamante que cai; luz, brilho, artificialidade e matéria orgânica: o corpo da mulher é feito de capas ou de *layers* que não se conjugam entre si: vai e vem entre o orgânico e o artificial, entre sentidos (tato, luz) e entre afetos que não se podem identificar, entre materialidades de distinta natureza que fazem e desfazem o corpo - a forma-corpo - e o tornam um repertório móvel de texturas e de fragmentos de matérias. Um corpo que não termina de armar uma figura, ou que não se fecha numa forma definida: essa consciência do corpo como feitura de materialidades, sem uma ontologia fixa ou definida, é o que o texto de Puig ilumina a partir do animal.

Nisso está em jogo algo-chave: o animal abre um plano ou uma dimensão alternativa do corporal, onde o corpo é menos uma realidade orgânica estável do que um espaço de junturas, de intersecções, de misturas - e é justamente nesses cruzamentos, nessas junturas que o texto de Puig persegue uma nova matéria estética que é um novo umbral do político.

Isso que passa entre o corpo orgânico, a tecnologia do cinema e a escrita, e que só se ilumina em sua interseção, um ponto ou umbral que enlaça o corpo vivente com o dispositivo imaginal, com a imagem como tecnologia a uma só vez ficcional e real dos corpos, e que ilumina o vivente enquanto isso que nunca termina de se realizar ou de se completar a si mesmo, que é feito de matérias diversas, que não se conjugam numa "forma orgânica", mas, ao contrário, desorganizam a forma, desfazem a figura e traçam linhas de indeterminação: isso que é mais e menos que "um corpo", que emerge antes entre os corpos, o que passa entre eles, no contorno ou borda de suas materializações – poder-se-ia chamar "vivente" a essa dimensão intermédia, sem realidade própria, isso informe que enlaça corpos e os arrasta para seu exterior, e que é instância de uma "multiplicidade", como assinala Daniel Link[7]: esse vivente é o terreno sobre o qual trabalha o texto de Puig, de onde extrai a potência de suas ficções e a eficácia de seus saberes.

A "mulher-aranha" do final torna nítida esta interrogação: esse corpo a uma só vez humano-animal, tecnoficcional ou virtual, que habita num plano puramente imaginado do sonho mas com um estatuto de realidade sensorial pleno, um composto de sensibilidade incorpórea que passa pelo orgânico e pelo afetivo, pelo biológico e pelo tecnológico; esse cruzamento e essa corporalidade é o que se inventa em *O beijo...* Enlaça o solo do animal, do orgânico e do biológico com a dimensão da tecnologia, descobrindo nessa juntura o que vai entre a atualidade dos corpos e o virtual de suas potências: entre a realidade de um organismo e de uma identidade e as forças e potencialidades que os atravessam; esse espaçamento, essa dobra, esse limite do visível (que é também um registro da sensibilidade) é o que aqui encontra uma linguagem e uma ordem formal. Do mesmo modo, a mulher-pantera do filme de Tourneur narrado por Molina é sempre uma presença deslocada, perceptível só em seus vestígios: é sempre sombra, rugidos, pisadas, mas nunca um corpo presente: é uma existência entre presença e ausência, na linha do espectro; ali se traça a linha do animal que é sempre um ponto de fuga, uma instância de deslocamento, um fora de quadro. No final do relato do filme, quando Irena, a mulher-pantera, volta ao zoológico, "caminhando como uma sonâmbula"; liberta a pantera, que "escapa da jaula de um salto, por um momentinho parece suspensa no ar...". Suspensa entre espaços, e entre estados de corpos: essa é a luz que aqui se faz visível em torno do animal, e que define o horizonte de visibilidade dos corpos em geral.[8]

Entre o biológico e o tecnológico, o virtual é a zona em que transcorre a ficção em Puig, ficção que é inseparável de uma política e de uma ética dos corpos e do vivente. Ali não há nada "humano": é uma zona de enrarecimento tão radical que se permite trabalhar sobre o mais familiar – o corpo e suas rotinas diárias, a língua oral, os afetos, a vida das famílias, as fantasias pessoais – para encontrar o grau de luz e de proximidade pelo qual esses materiais se revelam impróprios, irredutíveis aos significados predefinidos, compartilháveis, cristalizados na língua – inumanos, poderia se dizer: feitos da matéria estranha e ineludível de um *bios* que deixou de refletir o rosto do humano.

Dado que estamos no início de um genocídio: evidentemente, ao mesmo tempo que o sonho de Valentín compõe a imagem da mulher-aranha, seu corpo ficou reduzido a um corpo sem forma, mas desta vez pela tortura: "os golpes que lhe deram são inacreditáveis. E a queimadura na virilha..." Ali tampouco há nada "humano": os "animais", as "bestas", são agora os torturadores – mas o corpo de Valentín também se torna menos que humano por dispositivo da tortura, que é também outra tecnologia de corpos. Sob o signo invertido, o da sujeição e o da tanatopolítica, reaparece o corpo desumanizado, informe, como despojo. Entre a mulher-aranha e o corpo torturado de Valentín, o texto de Puig traça o arco, o duplo signo, dos corpos que já não são inteligíveis sob o signo do humano, onde o humano já não pode servir como instância de reconhecimento nem de conhecimento; *o que acontece aos corpos é outra coisa*. Nesse arco do inumano, o texto faz conviver o corpo torturado e morrente de Valentín com o corpo sonhado da mulher-aranha: essa ambivalência remete ao contorno de uma dimensão entre a vida e a morte, o morto-vivo, ou o umbral em que os corpos e as figuras já não coincidem nitidamente com a vida ou com a morte: onde a fronteira entre vida e morte se torna indeterminada, *e por isso mesmo, política*.[9] O corpo de Valentín, sob a luz do horror, soma-se a esses outros corpos que atravessam *O beijo...*, os animais, os zumbis, os sonâmbulos, os corpos atravessados por dispositivos que os arrastam para além de si mesmos e abrem, ou fazem visível, essa zona entre a vida e a morte, esse vivente sem forma nítida que é a dimensão em que o texto de Puig situa os desafios da estética e da política futura. O animal virtual, o zumbi, o espectro ou a imagem-espectro: dessas figuras e desses materiais são feitos os corpos, parece dizer *O beijo...*. Ali está em jogo a escrita do vivente conjugando um duplo signo da vulnerabilidade e da potência. Essa borda ou contorno é onde trabalha esta escrita, porque essa é a arena do político.

O beijo... ilumina um universo em que os corpos estão arrojados a junturas de desejo e de violência onde se descobrem sua fragilidade e a uma só vez sua irredutível potência. Essa é a lição do animal em *O beijo...* O universo de sexualidade e afeto que o texto de Puig revela para a imaginação estética e política – e que será chave para a cultura do presente – é indissociável desse umbral animal pelo qual faz passar os corpos, que arrasta os sujeitos para além de si mesmos e os expõe à iminência ou à possibilidade de uma comunidade em que todo pressuposto de humanidade compartilhada, todo pressuposto já dado de humanidade é posto em questão. Isso comum sem nome, isso comum que é a uma só vez vazio e potência, passa por esse animal que é corporalidade aberta, virtual.

Os animais de Puig estão sempre trancados: são corpos em confinamento. As panteras no zoológico, a mulher-aranha em sua ilha e em sua teia de aranha estão – como todos os corpos do texto – capturadas em dispositivos de controle e de fixação territorial. Aqui estão imobilizadas (perdem o movimento, talvez o traço fundamental do animal, se crermos na etimologia: animal faz parte do campo semântico do animado e da animação); são, neste sentido, *corpos sem mundo*: corpos a que não se pode atribuir um universo de pertença, que não referem uma origem ou um mundo originário: não repõem em universo natural ou mítico de que provêm; foram tirados "de contexto" (e seu suposto contexto originário – "habitat" – foi eliminado) e foram lançados ao arquivo das imagens flutuantes.[10] São, por isso mesmo, corpos *espectrais,* puramente cinematográficos, pura imagem sem referente "real", que estão entre a vida e a morte, que existem no tempo espectral do cinema. Eles dão conta do desaparecimento do animal "natural": não há animal selvagem, não há uma natureza originária de onde provenham estas criaturas: existem somente no arquivo de imagens e sem mundo "próprio". O confinamento em que existem é o índice de seu não lugar, e ao mesmo tempo a forma de uma temporalidade alternativa, que é o tempo do cinema, como escreve Akira Lippit:

> O cinema é como um animal: a *semelhança,* uma forma de criptografar. Do animal à animação, da figura à força, da pobre ontologia à pura energia, o cinema é talvez a me-

táfora tecnológica que configura mimeticamente, magneticamente o outro lado do animal (LIPPIT, 2008, p. 46).

O cinema, diz Lippit, captura esse rastro espectral que deixa o animal no momento em que o selvagem começa a ficar cada vez mais capturado e encurralado pelo processo de industrialização global que tem lugar desde o final do século XIX; a exterioridade do animal que por séculos dera forma a modos de relação entre humanos e animais começa a fechar-se. Esse animal selvagem desaparece ao mesmo tempo que o cinema emerge como tecnologia: os trabalhos de Muybridge, diz Lippit, e sua teoria do movimento articulam o desaparecimento do animal tornando-o imagem-movimento a partir da tecnologia do registro visual. O animal desaparece, mas deixa o rastro, as pegadas de sua fuga no cinema: por isso o cinema coincide com a espectralidade animal, com os corpos animais cujos contextos de referência "originários" estão em vias de desaparecimento. O espectro, a imagem como arquivo de um corpo que não está presente nem ausente, cuja origem já não pode ser pensada como plena: essa pegada animal, isso que vai entre o corpo e o espectro, é uma vida *im*própria, uma vida dos corpos para além, por fora dos corpos, um vivente inatribuível para o qual não há forma disponível. Vida sem forma definida, tornada potência, virtualidade. O animal, o espectro, o zumbi: uma vida (*bios, zoé?*) que não se pode conter em organismos normatizados, figuráveis, legíveis; uma vida nos limites do humano – ou que, em todo caso, não se deixa distribuir entre humano e animal. Nesse enlace anômalo, *O beijo...* situa a potência de seu desdobramento formal: onde a escrita interroga isso vivente – o Impensado, o que não se pode "conceber" – que traça as pegadas persistentes e os pontos de impacto dos corpos num universo já definitivo, irreparavelmente constituído como biopolítico.

LIÇÃO II
A escala molecular: Noll

1. O CORPO ACÉFALO

A interseção entre animal e *queer*, então, como uma luz, um modo de visibilidade sobre uma sexualidade que, em lugar de repor e de reforçar o reconhecimento do corpo como humano, como suporte e reflexo de identidades compartilhadas, tira os sujeitos de seus lugares predefinidos e os expõe a um campo de intensidades, de forças impróprias, expõe a dissimetria entre o eu e seu corpo. Ali aparece como reflexão sobre uma sexualidade que já não pode se conter sob o signo do humano; que, em lugar de humanizar suas diferenças, arrasta o humano para seus próprios limites: ali encontra o animal não como um retorno a uma origem ou a uma fase primigênia, mas, ao contrário, como princípio de deslocamento e como abertura de temporalidades alternativas – como suspensão de uma "ordem de individuações" vigente.

Esta reinscrição do animal na imaginação estética sob o signo de uma sexualidade nos limites do humano encontra na escrita de João Gilberto Noll um ponto de desdobramento radical e singular. A escrita de Noll compartilha com *O beijo...* o gesto a uma só vez histórico e político de verificar a derrota do projeto revolucionário dos anos 1970 (e, portanto, das ideias de cultura que se lhe associaram) e de repensar as novas condições para uma relação entre literatura e política. Seu primeiro romance, *A fúria do corpo* (1981), é efetivamente uma interrogação sobre a sexualidade – uma sexualidade polimorfa, orgiástica, à deriva – como uma política e uma ética alternativas. Ao mesmo tempo, *O cego e a dançarina* (1980), o primeiro livro de Noll, abre-se com um relato, já clássico – "Alguma coisa urgentemente" – que narra, justamente, a derrota do projeto revolucionário e a incerteza de uma nova geração que vai apontar, como o fizeram os protagonistas do desbunde, para novas éticas e políticas do corpo e da sexualidade.[11] Se em Puig esta inflexão histórica declina para a interrogação do clichê como linha de estranheza, em Noll a direção é, mais decididamente, ao menos nestes primeiros textos, por uma sexualidade proliferante que interrompe e suspende os lugares de sujeito e que abre novas possibilidades de relação. Não se trata somente da celebração de uma deriva sexual desterritorializante que abriria novas posições tênues, "nômades", de subjetividades móveis, mas antes de uma interrogação insistente sobre o corpo, sobre sua forma, sua legibilidade, seu saber: o corpo sexualizado em Noll será o terreno atravessado e arrastado por um desejo não figurativo – ou melhor: não figurável – que não se pode estabilizar no contorno definido de uma figura corporal e de uma ontologia firme. Aqui a sexualidade – enquanto aposta que passa por "corporeidades" não normativas – é uma interrogação ou um experimento sobre a inteligibilidade do corpo que ensaiam modos de fazer visíveis corpos que não se podem conter numa forma. Não se trata, pois, do lugar ou não lugar do "homossexual" ou dos sujeitos GLTTB no espaço social, mas dos desafios que vêm de uma sexualidade que não tem identidade própria e que transcorre nas zonas limítrofes dos lugares de sujeito e dos usos do corpo. A sexualidade aqui é linha de desfiguração, e não fonte de identidade e de forma; sua estranheza não é transgressão nem provocação, a não ser na medida em que permite pensar o que acontece aos corpos quando já não podem encontrar nem permanecer numa forma – identidade, sujeito, gênero, espécie – *própria*.

A primeira coisa que se perde é a cabeça: os personagens de Noll são, dos modos mais diversos, *figuras acéfalas*. São, quase em geral, amnésicos: como o protagonista de *Lord*, o romance de 2004, muitos de seus personagens são "candidatos ao Alzheimer"; despertam para a narração em situações que não podem sequer identificar, como se se tratasse da perda da memória, mas também da identidade, do nome, da pertença (a uma nação, uma família, uma memória compartilhada etc.). Personagens órfãos, desamparados, abandonados, sonâmbulos que se descobrem em situações que não conseguem decifrar. A radicalidade da escrita de Noll provém, justamente, dessa natureza "pós-subjetiva": não narra o descentramento, a desconstrução, o deslocamento da subjetividade; dá-a por pressuposta.[12] Uma literatura, escreve Noll, "impossível", "sem rudimentos humanos", feita "com estes fatores de aparência inverídica como se configurassem uma biologia imemorial" (1995, p. 766). Sem rudimentos humanos, biologia imemorial: na origem não "há" sujeito; há corpos e há linguagem, mas não há isso que os articula em torno da enunciação de um eu, uma enunciação reconhecível como sujeito e como identidade. Os textos de Noll põem em cena uma corporalidade sempre aberta, em processo: uma materialidade orgânica nunca de todo formada, mas atravessada por linhas de dissolução e de desagregação, por intensidades irreconhecíveis, corpos de contornos difusos, permeáveis, e arrastados por processos que a consciência (e a narração) não podem controlar, nem interpretar, mas seguir, mapear, interrogar em sua singularidade. "Escrevo", diz Noll, "isso que o organismo está em condições de me dar" (2008), como se escrita e organismo traçassem um pacto opaco que falasse através de uma voz que não pode controlar nem dominar esse processo, mas em todo caso dobrar-se a ele – essa dobra, essa adesão da voz aos processos corporais é o que aqui emerge como escrita. A linguagem do sujeito, a linguagem do eu, aqui está tensionada a partir de (e para) um vértice opaco, uma linha de sombra que se afunda na espessura do corpo e de onde se escreve e se narra. Mais que "corpo", em Noll há "estados de corpo": o relato é a história contingente desses eventos orgânicos.

"Eu diria ser um plano acéfalo..." diz o narrador de *Acenos e afagos* (2008); o final de *Lord* (2004) de alguma maneira antecipa este diagnóstico: o narrador, um escritor brasileiro convidado a Londres que nunca discerne o motivo nem a função de tal convite, termina em Liverpool, onde conhece George, com quem vai para a cama. Depois do encontro, o companheiro sexual está supostamente no chuveiro, mas desaparece: como único vestígio, o narrador só tem restos de sêmen na mão, o qual perfeitamente poderia ser do próprio. Quer olhar-se no espelho; quando limpa a umidade do vidro, os restos de sêmen opacam seu rosto: o seu é, finalmente, um corpo sem rosto. O narrador diz querer "traduzir-se com o corpo do outro", mas essa tradução elude toda identificação; antes remete a um apagamento do si mesmo e a um salto para essa materialidade corporal, no limite do orgânico, que é antes um umbral de interseção, um entre corpos (AGUILAR, 2006). Essa é a dimensão em que transcorre esta escrita: um traço de encontro entre corpos, de eventos que têm lugar na imanência dos corpos: ali encontra sua linha de saber.

O acéfalo, neste sentido, não significa somente um trabalho sobre o sensorial, o orgânico, o afetivo; significa antes fazer do corpo a instância de uma multiplicidade sem encerramento: sem um centro ou eixo que estruture um princípio formal. A acefalia não é um "puro corpo": é antes uma pura borda, a invenção de espaçamentos entre corpos heterogêneos.[13] Os personagens de Noll, neste sentido, são a ocasião ou o protocolo não só para uma crise da identidade subjetiva, mas para um trabalho estético sobre as bordas, os contornos, as zonas de vizinhança entre corpos – uma espécie de microscopia do vivente entre os corpos, nessa zona imperceptível ou quase imperceptível onde um corpo tem lugar ante outro, a linha que separa e conecta dois corpos. Esse é o saber que produz esta escrita: o saber do entre corpos, o saber do que passa entre corpos, na aposta ou no experimento pelo qual certa ordem de individuações – de modos de nomear, distribuir, funcionalizar corpos – se suspende: acéfala é uma ordem de corpos em que o indivíduo (o eu, o sujeito) não termina de se formar porque toda individuação está atravessada por uma multiplicidade de cruzamentos, de interseções, de pontos e umbrais de enlace entre corpos. Amnésia, exílio, orfandade, deserção não são retratos de uma subjetividade assediada; são protocolos narrativos pelos quais a escrita se despoja das figuras de indivíduo e sujeito para entrar em cheio neste mundo de corpos e de multiplicidades corporais.

Escreve Noll em *A literatura e a vergonha*, um ensaio sobre a prática da escrita:

> A coisa não apresenta uma forma precisa, muda, muda quase a cada instante, e tem o centro como que brilhante, se centro a gente pode chamar aquilo que nesse ínterim já se concentrou perto da borda superior, pois neste pedaço agora na margem, percebe-se aos poucos, mais do que um brilho, tratar-se de um ponto de força que não cabe mais em si, mas voltemos ao todo de novo com atenção, a coisa inteira mudou sua figura, ganhou milhares de pontas, e a força que parecia brilhar por não caber mais

em si deve ter sido eliminada deste corpo em constantes crispações (...) e eu fecho os olhos e digo baixo não, não vou ficar aqui olhando e tentando descrever para vocês isso que em seu eterno movimento pode estar se lixando para mim com minha descrição, e ademais não sei se vocês estão mesmo votados para a descrição desta coisa com uma enormidade de aparências, que poderá nem se apresentar mais aqui quando eu abrir novamente os olhos, quando talvez venha a perceber que este corpo jamais aprisionado em qualquer contorno não tenha de fato existido, ou que me faria calar, calar de um jeito medonhamente cerrado, como se só esta mudez que eu diria irascível pudesse conter esta vergonha de não ter o que olhar para transmitir a vocês do outro lado de mim. (...) Isto, esta tentativa de se expressar alguma coisa que parece nem sequer compor uma realidade, isto é uma espécie de cisma, em certos casos irremediável, posto que saído de uma situação de exílio sem antídoto, já que atacado por bactérias ainda indecifradas, que deixam o ser em alheamento, em completo extravio (1995, p. 765).

A coisa, alguma coisa – entre uma realidade puramente ficcional e a visão de um corpo sem forma, de uma presença sem limites de algo que não chega a ter realidade, mas que é a matéria da literatura – a matéria ante a qual a literatura se revela como vergonha, como impossibilidade, como "mudez irascível" que não pode nomear isso que, a partir de sua irrealidade ou virtualidade pura, que estranha, extravia, desvia o ser de sua essência e de seu lugar. A literatura é, no entanto, esse desvio; faz eco desse exílio sem reparação, sem retorno, sem casa, é essa presença ou visão acéfala, indeterminada, que é um corpo sem limites, um *vivente sem forma*, cuja doença – seu contágio – não tem diagnóstico nem nome. Esse é o umbral em que se move a escrita de Noll: todo relato, toda sequência narrativa, todo mundo, toda subjetividade vão para essa passagem virtual, ficcional, esse limite do real que é o de uma pura intensidade, de que a literatura deve, sem poder, dar testemunho. Essa pura intensidade é um "corpo jamais aprisionado em qualquer contorno" – um corpo sem forma, no limite da forma, que é uma interrogação sobre a figurabilidade mesma dos corpos. Essa declinação para o informe é o ponto de desdobramento desta escrita.

Essa matéria é uma *hipótese sobre o corpo*: faz dos corpos instâncias de fuga, de passagem, uma extensão que se torna intensidade. As matérias viventes em Noll são feitas de organismos e fisiologias instáveis, de contornos ambíguos: "Eu parecia de fato me encontrar na passagem do estado bruto da vida para uma espécie de existência mais difusa e elementar" (diz o narrador de *A céu aberto* [2008, p. 142]), enunciando um impulso que parece atravessar a maioria dos corpos nos textos de Noll. São corpos que parecem mover-se para uma sorte de desmaterialização, ou melhor, para uma mudança de estado de matéria: aparecem-lhes substâncias incógnitas, tornam-se luminosos, derramam-se em secreções e humores, como se o corpo estivesse orientado para pontos de tensão em que o orgânico ou o físico se transmuta, se liquefaz em algo mais difuso, informe e irreconhecível, que se inscreve como excedente, uma reserva potencial e enigmática: essa é sua realidade. Uma transmutação para um "extrato de mais vida" (2004, p. 110) que atravessa os corpos e os arrasta para o indeterminado, para isso quase imperceptível mas real, as "entranhas do zero" ("Lição de higiene", em *A máquina de ser* [2006]) de onde se relança o relato: como se a escrita fosse o registro desse vértice cego, desse umbral ou contorno de forças que impelem os corpos, uma pulsão que os empurra e os torna instância do relato. Trata-se menos de um devir-outro que de experiências e de ações que põem em crise as formas mesmas dos corpos e que dão testemunho de uma potência ou força de indeterminação – mais próxima da noção deleuziana de "virtual", que concebe a vida não como um conjunto de funções biológicas predeterminadas, mas como uma pura memória, uma memória absoluta, que se abriga nos corpos como potencialidade nunca de todo atualizada ou realizada, como pura potência para além de toda atualização. Os corpos em Noll, e as vozes e o modo da consciência que, precária, debilmente se implantam nesses corpos (como se fossem parasitas, ou moléculas falantes alojadas em organismos ignotos), são mecanismos formais que ativam essa vida enquanto virtual. Os amnésicos de Noll perdem a memória do eu para assomar à memória inumana dos corpos: saltam para outra memória onde emerge esse umbral do vivente, essa vida sem forma no limite do próprio e do apropriável, mas que se abriga no núcleo do sujeito: uma subjetividade tensionada, éxtima, que se recorta sobre esse contorno do vivente.

2. O ÍNTIMO ANIMAL

Acenos e afagos, de 2008, desdobra com precisão estas epistemologias alternativas do vivente ao redor do animal e do devir-animal. Um narrador, já adulto (casado e pai de família) retoma uma paixão por seu amigo de infância com quem mantinha jogos sexuais; depois de diversos episódios (os romances de Noll são romances de "ações" imparáveis, puro movimento narrativo) terminam vivendo juntos, numa zona distante, na selva. Ali, o narrador compreende que nessa nova vida seu papel é o de "mulher", e começa a sofrer uma mutação corporal: o corpo torna-se, assim, uma caixa de ressonância dos eventos exteriores, os quais materializa, literalmente corporiza. Mas essa mutação, essa transformação corporal, em lugar de uma mudança de gênero, em lugar de uma transformação de "homem" em "mulher", se torna uma saída para uma corporalidade nos limites do humano, entre o humano e o animal, para uma dimensão onde não há "espécie" reconhecível: o corpo torna-se uma linha de saída da espécie. Vejamos como o narrador descreve este novo corpo: "Tratava-se de um pequeníssimo animal incrustado sob o pentelho, quase na base de meu pau. Tinha a saliva morna e densa. O meu novo sexo parecia ser um viveiro de esdrúxulas infracriaturas [...]" (2008, p. 189). Compara-o com um berçário ou um cemitério. O narrador começa a desfrutar do espetáculo desses "micro-organismos em sua faina por mais um dia de vida: uma verdadeira batalha contra as forças invisíveis da extinção". Esse "bichinho", essa "microvida" é uma criatura gozosa, mas independente do narrador: "Não havia", diz, "sincronismo erótico entre o hospedeiro e o hóspede." Depois o define como um "povo acampado no meu púbis". E conclui: "Não poderia mais viver sem que essa biologia mínima continuasse a enaltecer ainda mais a promessa da fusão" (ibidem, p. 190).

Eu gostaria de conjugar duas questões em torno desta citação. Por um lado, um gesto-chave: uma encenação, um modo de visibilidade do corpo vivente em que qualquer pressuposto de unidade, isolamento ou fechamento sobre si mesmo, qualquer noção do corpo como entidade centrada sobre si, como unidade orgânica, é deslocada por uma visibilidade do corpo como multiplicidade, como sociedade, como agenciamento entre presenças heterogêneas. Não há um corpo individual, apropriável, privatizável: o corpo é um "acampamento", um "povo", uma juntura de criaturas; é sempre já um ponto de encontro, de aliança, de enlace (ou de choque, de guerra) entre forças viventes. O animal "em mim", o animal que habita num umbral entre o próprio e o impróprio, e que interrompe toda noção de unidade corporal: esse animal ilumina o corpo como sociedade, o "próprio" corpo como comunidade de heterogêneos.

Segundo gesto: o deslocamento da norma de gênero interrompe a legibilidade da espécie: sair do gênero é sair da espécie. Aqui, naturalmente, poderíamos ler uma inscrição do monstro: o corpo que não entra no binarismo genérico é o corpo monstruoso, o corpo excepcional que desafia a ordem da natureza e a ordem social. No entanto, gostaria de sublinhar outra coisa: o que ocorre é uma *mudança de escala* na percepção do corporal. Em lugar do corpo e de sua legibilidade a partir do binarismo genérico como norma da espécie, aparece, em contrapartida, uma microscopia múltipla do vivente, uma percepção do corpo sexual que materializa, literalmente, esses "mil sexos" que Deleuze e Guattari pediam – em todo caso, onde a crise do gênero é um salto de escala para uma molecularidade do vivente em que todo binarismo se revela como multiplicidade, onde não há modo de sustentar o binarismo, e o que aparece é uma micrologia do múltiplo.

Essa visibilidade molecular ou micrológica do corpo diz então que não há essência da espécie, e que o corpo não é a manifestação ou desdobramento de um núcleo ou programa da espécie, mas, ao contrário, o corpo é efeito de alianças, cruzamentos múltiplos, que não há vida do corpo, mas vida entre corpos – e que é essa multiplicidade aberta, esse processo e essa microscopia poderosa –, essa "biologia mínima", diz Noll – o que a escrita expressa e torna linguagem e narração. Aí não há vida própria, vida individual, não há corpo apropriado, subjetivado, privatizado por um "eu" ou por um indivíduo; há agenciamentos, junturas, formas de vida em que não se podem isolar, distinguir, separar uma "vida própria" que seria o núcleo da espécie e o fundamento ontológico do indivíduo.

Uma materialidade orgânica no limite do próprio e do impróprio: um "vivente" que não coincide com um corpo, mas, sim, tem lugar entre corpos, e que portanto não se deixa reduzir a uma dimensão apropriável, demarcável como propriedade do indivíduo. Esse corpo não é nunca da ordem do próprio – e, portanto, do privatizável, do que um indivíduo declara sua propriedade primeira, e que funciona como o fundamento ontológico de um sujeito, isto é, a "pessoa". Nisso está em jogo, ao contrário, uma relação com o comum, com o que não é apropriável, o que é impróprio, que me parece chave. Ela ilumina uma direção para uma ontologia do vivente como multiplicidade, como forma de vida relacional, eventual, que se constitui em campos de relação e não em unidade autocentrada e demarcável: o corpo como tecido de relações mais que como entidade voltada sobre si mesma; o corpo, enfim, como crítica – e não suporte – da individualidade. Uma política do vivente que resiste e transborda os mecanismos pelos quais o corpo se faz legível sob o signo de sua capitalização, sua privatização e sua conjugalização – ali onde o indivíduo proprietário, com um corpo próprio e uma sexualidade identificada, se constitui na norma do humano, na regra de inteligibilidade que inscreve uma vida como "humana". O animal *queer* é aqui uma versão desse saber e dessa pedagogia.

LIÇÃO III
Lógica da multiplicidade:
Misales, de Marosa di Giorgio

1. A REGRA DE TRÊS: NOIVOS, SENHORAS, ANIMAIS

A testemunha do desejo: todo amor, todo circuito ou laço de desejo reclama sua testemunha; o terceiro, como o ensinou René Girard – e o revisou Eve Sedgwick para pensar a noção de homossociabilidade –, é um fator constitutivo de todo "casal" – de todo casal edípico, ao menos: o triângulo, o terceiro excluído/incluído, arma o circuito do Dois, do Casal como instância de concentração do desejo. Conjuga-se aí toda uma filosofia do desejo, que diz que o desejo é essa estrutura especular mas demarcada por esse terceiro que olha, inveja, tem ciúme, trai.

O que acontece se esse terceiro é um animal? Os *Misales* [Missais], de Marosa di Giorgio, fazem-se recorrentemente essa pergunta. São cenas rurais hiperestilizadas, de uma gestualidade infantil, em que mulheres – chamadas "senhoras" com uma teatralidade artificiosa do gênero, como se o gênero esvaziasse, como queria Lamborghini, toda individualidade, toda corporalização, e fosse pura representação – descobrem uma sexualidade contagiosa e proliferante, que absorve seu mundo e muda, literalmente, seu corpo. Essa aprendizagem, no entanto, convida, na maioria destes textos, um animal: como se o despertar do corpo feminino para a sexualidade fosse uma descoberta geral, coletiva, que envolve o companheiro masculino (os textos de Di Giorgio são de uma heterossexualidade rigorosa), mas também o animal testemunha, invasor, convidado ou infiltrado. Seja a recém-casada que descobre que, além de seu marido, um vampiro aplicado é necessário para seu orgasmo; ou a "senhora-açucena" que, depois do encontro no campo com um desconhecido, recebe um inseto, borboleta ou mariposa, como segunda parte (e requisito) do prazer; ou o "bicho" (cão, doninha: a espécie é incerta) da casa, que, testemunha pontual dos amores da senhorita da família com seu noivo Floreal, quer esse noivo para si – pinta os lábios, aprende a falar para seduzir esse noivo evasivo... Esta é uma versão de um mundo doméstico saturado de libido: ela diz que a vida doméstica, a vida das casas, das famílias, é pontuada pelo aparecimento (e pela aprendizagem) de desejos que arrastam todo esse coletivo; que a casa, a família são agenciamentos de desejo, de corpos enlaçados por um desejo que contagia todo o território. O corpo e o prazer femininos são o ponto de imantação de todos os desejos:[14] em torno deles se organiza essa gramática insistente que, justamente, não fica nunca no espaço do humano e onde a conjugalidade não pode conter a profusão do prazer: traz o animal como uma presença sistemática, como se esse desejo entre espécies, esse desejo que não se pode conter no universo do humano e que parece requerer o terceiro animal, permitisse inscrever uma lógica de corpos, um ordenamento alternativo de corpos.

Que fazem os animais nestas cerimônias do desejo? O que sabem? Duas operações principais:

1) Por um lado, aqui esse terceiro animal interrompe não só a lei da espécie, mas a lei do gênero, pondo em variação a distinção entre masculino e feminino que quanto ao resto é muito marcada, teatralizada, hiperbólica e artificial: as "senhoras" são domésticas e cozinheiras, os noivos acartonados e genéricos; é um mundo de gêneros infantilizados, de pura representação. Os animais chegam de fora deste mecanismo binário: trazem um corpo irredutível à marca dual do gênero. Talvez um exemplo nítido seja esse inseto que continua a tarefa do amante desconhecido: um inseto, evidentemente, fálico, que penetra a mulher, mas que a uma só vez é uma "borboleta" e uma "mariposa" – um falo que se parece mais com um *dildo* orgânico, uma tecnologia do prazer que excede ou se subtrai a uma distribuição binária do gênero. Nestas cenas, a norma genérica é uma condição para o desejo: as mulheres-meninas têm de atravessar esta aprendizagem sobre a sexualidade, e a iniciação passa por uma teatralidade do gênero feita de figuras

esquemáticas, de um binarismo plano. Mas o que se descobre nessa iniciação é a distância abismal, inconciliável, entre esse universo do gênero e a materialidade do corpo – e nessa distância emerge o animal. Essa materialidade se revela irredutível ao gênero; é proliferante, multiplicadora: os animais vão e vêm entre os gêneros, como o falo-borboleta, ou inscrevem as marcas do gênero, mas como distorção e anomalia, como o "bicho" que pinta os lábios para seduzir um macho; como se os animais trouxessem uma corporalidade intensa, fluida, de passagem, ao teatro do gênero, uma corporalidade que a norma de gênero não pode terminar de marcar – essa opacidade ao gênero é o que vem da outra espécie: diz que o corpo é essa opacidade ao gênero, e que o sexo tem a ver com a interrogação dessa linha de variação, desses pontos onde o corpo mostra esse revés do teatro do gênero. Linha de estranheza do animal: a que mede a distância irredutível do corpo com respeito ao gênero. (Mas também ressoa com o mundo vegetal: em um dos missais, um cogumelo se transforma num ânus que, uma vez penetrado, se torna insaciável. Em cima do cogumelo, a mulher desejada e perseguida, mas o cogumelo-ânus fala por si mesmo: como se se tornasse autônomo e se tornasse uma existência própria, conjugada ao redor de seu prazer.)

2) Por outro lado, os animais chegam às cenas conjugais dos *Misales* para produzir outro saber: o do sexo como o in-

forme do corpo. Pensemos em "Hortensias en la misa": Dinorah tem medo e quer escapar do noivo e do "casamento". Esconde-se no jardim, sob um teto vegetal, como um animal pequeno ou um inseto. Ali descobre uma presença incerta:

> Passada uma longa hora, senhora Dinorah se levantou um pouco, com leveza, deu uma olhada tremendo para ver o que havia. Não viu nada, mas, assim mesmo, abaixou-se para esperar um pouco ainda. E assim, outras vezes. Em uma dessas prostrações abraçou sem querer no chão algo vivo, quente, grosso, liso, um porquinho de jardim, passou-lhe a mão no pelo, beijou-o de repente na boca (mas que acontecimento!), ele retribuiu-lhe o beijo com língua rosada, espessa, de cravinhos e presunto... (DI GIORGIO, 2005, p. 46).[15]

O porquinho – em verdade, o noivo transmutado – não é um corpo completo: é uma multiplicidade de pontos de interseção, como se se repartisse em linhas de sensação. Como se o corpo descobrisse através da sexualidade, da sexualidade como dimensão, que não é "um", que não tem um contorno definido, mas, ao contrário, uma borda múltipla, aberta, que se resolve pela indeterminação: isso vem com o animal, mas sobretudo com esse espaço entre corpos que é o sexo, como se o sexo empurrasse os corpos para uma borda onde se tornam indefinidos, se tornam secreções, pontos de intensidade, zonas de sensação, mas não organismos nem corporalidades legíveis. O sexo contra o indivíduo: nenhum corpo individuado sobrevive intacto à descoberta da sexualidade; essa é a outra lição do animal. Por isso, justamente, aqui a sexualidade é coletiva, ou melhor, múltipla. Forma agenciamentos de corpos heterogêneos, sem dúvida, mas sobretudo geometrias em que não há corpos individuais, mas linhas de desejo que os enlaçam e os constituem; o triângulo desindividualiza, trabalha sobre uma lógica do pré-individual e do múltiplo. Uma multiplicidade não se faz de unidades, mas de dimensões: de linhas de arraste, de tensão, de contágio que impedem que um indivíduo (um corpo, uma comunidade, um órgão) coincida consigo mesmo: múltiplo é o princípio de dissimetria de um indivíduo com respeito a si mesmo (DELEUZE e GUATTARI, 1980). O que há são umbrais, contornos, que fazem a uma só vez a consistência de uma realidade dada e seus modos de variação: múltiplo não remete, pois, a uma lógica da diversidade, da proliferação de indivíduos (sejam corpos, posições de sujeito, pontos de vista etc.), mas a uma lógica da individuação incompleta, que se subtrai a toda forma definitiva, que ilumina os contágios, as roçaduras, a fricção entre corpos – múltiplo é, pois, o que se subtrai a toda individualidade. Essa multiplicidade é o que se inventa, cada vez, através do sexo: toca os limites do humano porque põe em variação nos limites do individual.

E por isso o sexo é aqui inevitavelmente comunitário, não porque seja orgiástico, mas porque ilumina uma dimensão irredutível ao indivíduo: a do corpo como uma forma que nunca coincide consigo mesma. Essa não coincidência como princípio formal, como protocolo de escrita, vem do animal: a regra de três em Marosa é a de uma potência de variação que só se aprende a partir do animal-testemunha, porque essa potência não provém do universo do humano – de sua linguagem, de sua consciência, de sua sexualidade –, mas trabalha a partir do limite do vivente, a partir desse corpo feito de forças impróprias, autônomas, imanentes.

2. A VIDA RARA

O que se lê nestas versões heterogêneas da estranheza sexual? Um gesto sistemático atravessa os três textos: ali onde se suspende, ao menos parcialmente, a heteronorma, não emergem as "outras sexualidades" que estavam sufocadas (e, em todo caso, em Marosa o desejo se enrarece sempre a partir do laço heterossexual: daí sua relevância para o pensamento *queer*); o que emerge é algo mais radical: uma crítica do corpo como princípio de individuação, como sede positiva, ontológica, de um sujeito (e de um "sujeito humano") para pôr em seu lugar outras epistemologias, outros pensamentos sobre o corpo que são, evidentemente, outros modos de fazê-lo visível ali onde 1) o corpo não se reduz nunca a uma unidade, mas se expressa numa multiplicidade: o corpo como sociedade de forças, irredutível a um princípio autocentrado, e 2) onde a positividade orgânica dos corpos é sempre atravessada por um *bios* que o torna indeterminado, virtual, onde não há um solo de natureza, biologia, que defina a composição originária de um corpo: o corpo aqui é um tecido de relações, cuja linha de afirmação passa sempre por seu lado de fora, por seu contorno exterior, por esse *entre corpos* a partir do qual adquire existência e intensidade. Isto é o que se ilumina ali onde, a partir do desejo, se suspende a norma que superpõe heterossexismo e vida humana: o corpo como sociedade – irredutível à forma-indivíduo –, e o corpo como indeterminação, quer dizer, como umbral de experimentação a partir de relações não predefinidas com outros corpos. Não se trata de dar conta da emergência de outros sujeitos com "sua" sexualidade; trata-se de que a sexualidade, enquanto reflexão sobre a vida do corpo, desloque as formas de individuação que se lhe projetam e explore outros modos de pensar e de realizar isso que chamamos "corpo" e "vida" ou "vivente." A politização da sexualidade, a constituição do sexual como fato político, não pode ser senão esta experimentação que nunca é redutível a uma subjetividade e "seu" corpo, mas sempre, necessariamente, invenção de novos espaços de relação, de novos modos de constituir um espaçamento entre corpos.

Estas experimentações políticas com a sexualidade e a partir dela são inseparáveis de um processo mais amplo que passa pelos modos como as lógicas do biopolítico desbarataram, especialmente ao longo do século XX, toda noção estável de espécie humana como natureza estável, fixa: a politização da sexualidade tem lugar a partir desse solo movediço, desse limite móvel de uma vida que perdeu toda referência com respeito à sua natureza, e que – a partir da incitação a que a submeteram sucessivos e múltiplos saberes e tecnologias, dispositivos sociais, práticas disciplinares – transborda todo horizonte nítido a partir do qual expressaria seu próprio ser, seu núcleo originário, sua imagem última. Esse fundo da vida se revela pura instabilidade; torna-se, portanto, instância de contestação, de disputa, de experimentação e de politização. É contra esse fundo que é preciso ler as corporalidades abertas, pura passagem entre a positividade orgânica e as intensidades virtuais que a atravessam, e que aqui se conjugam sob o signo do animal e do *queer*: a noção insistente de que os corpos, no contexto biopolítico, foram abertos a uma potência e a uma indeterminação para a qual é preciso elaborar linguagens, éticas e políticas. Se os saberes normativos do lado da ciência e das religiões (e mais recentemente, de seu híbrido tedioso: a bioética) apostaram em monopolizar e, efetivamente, normalizar esse terreno sobretudo a partir dos vocabulários de "defesa da vida" e da "pessoa humana", estes materiais da cultura respondem com outras modulações de saber e outros exercícios éticos e políticos que desviam a vida para sua estranheza inerente, para a variação – para o "erro", dizia Foucault – que a define e que a constitui sempre no exterior de si mesma, no tecido – é inevitável não pensar na mulher-aranha – que trama sobre seu próprio vazio.[16]

NOTAS

1. "O romance [*O beijo da mulher-aranha*] exemplifica as conexões entre as lutas pela libertação da nova esquerda e dramatiza singularmente essas lutas no diálogo dentro da prisão. Pode-se afirmar que o romance de Puig é o primeiro em que um personagem gay tem o estatuto de sujeito político, e em que a luta por uma nova sociedade explicitamente inclui uma visão sobre o lugar dos gays em tal sociedade. ["The novel exemplifies the connections made among struggles for liberation in the New Left and uniquely dramatizes those struggles in the prisonhouse dialogue. Puig's novel is arguably the first in which a gay character is given the status of a political subject, and in which the struggle for a new society explicitly includes a vision of the place of gay people in that society"] (BALDERSTON; MARISTANY, 2005, p. 209).

2. "Queer", neste sentido, remete a um campo de debates críticos e de ativismo que põe no centro das apostas a materialidade do corpo e da vida e os dispositivos que produzem normas sexuais e de gênero como requisitos da legibilidade do humano. Estes desenvolvimentos foram especialmente produtivos nas releituras feministas e *queer* de Deleuze e Guattari. Ver a este respeito: GROSZ, 2011; BRAIDOTTI, 2012.

3. W. T. Mitchell argumenta, por exemplo, em seu recente *Cloning Terror*, a articulação entre terrorismo e clonagem na imaginação norte-americana contemporânea a partir de dois clones contíguos: os casais GLTTB reproduzindo-se por fora da família heteronormativa através de tecnologias de clonagem, e o terror clonado das células da Al Qaeda. O clone é, então, o signo de um terror biopolítico que ameaça a família e a nação - quer dizer, os nomes da "espécie humana" (2011). Ver também: BRAIDOTTI, 2011.

4. Quando digo "produção de saber", estou pensando nas ideias de Elizabeth Grosz sobre o "conceito", inspiradas na formulação de Deleuze e Guattari: "Precisamos de conceitos para pensar nosso caminho num mundo de forças que não controlamos. Os conceitos não são meios de controle, mas formas de tratamento que abrem para nós um espaço e o tempo em que podemos nos tornar no que pode responder à particularidade indeterminada de eventos (...) os conceitos são modos de ordenar novas forças. São a criação do novo. O conceito é como corpos vivos, e os corpos humanos - isto é, os corpos masculinos e femininos de todos os tipos - se protraem na materialidade e permitem à materialidade afetar e transformar a vida" ["We need concepts in order to think our way in a world of forces that we do not control. Concepts are not means of control but forms of address that carve out for us a space and time in which we may become what can respond to the indeterminate particularity of events (...) concepts are modes of enacting new forces. They are themselves the making of the new. (...) The concept is how living bodies, human bodies - that is, male and female bodies of all types - protract themselves into materiality and enable materiality to affect and transform life"] (2011, pp. 80-81).

5. Neste sentido, Alberto Giordano anota que a literatura de Puig afirma uma ideia barthesiana da "subjetividade do não sujeito", quer dizer, "de acordo com sua insistência em subtrair-se à efetuação dos códigos que a constituem". (1996, p. 23)

6. Nestor Perlongher, "Valentín y Molina: el sexo de la araña", em *El beso de la mujer araña*, edição crítica de José Amícola & Jorge Panesi, Association Archives da Litterature Latino-Americaines des Caraibes et Africaine du XXe Siècle, Colección Archivos, 2002.

7. "Puig deixa passar através de sua escrita a multiplicidade do vivente, e muito mais: sustenta-a numa peculiar ética literária, segundo a qual a assunção de uma forma de vida não é somente o saber de tal inclinação, mas o pensamento desta, o que converte a forma de vida em força, em efetividade sensível. Em cada situação se apresenta uma linha distinta de todas as demais, de incremento de potência. O pensamento é a aptidão de distinguir e seguir esta linha. O fato de que uma forma de vida não possa ser assumida senão seguindo o incremento da potência traz consigo esta consequência: todo pensamento é estratégico. O pensamento de Puig é estratégico." (LINK, 2010)

8. Graciela Goldchluk e Julia Romero sublinham o papel textual de *Cat People* em *O beijo...*: "põe em cena todo o romance em miniatura", trabalhando a junção de diferenças (raciais, nacionais, míticas) que se projetam sobre Molina, e ao mesmo tempo trazendo a dimensão do corpo em referência ao animal, especialmente ao redor da fome e do instinto. (GOLDCHLUK; ROMERO, 1997)

9. Falando do fantasma, Daniel Link diz que "O fantasma é o não sujeito (e, por isso mesmo, político), o que permanece como resto da classe (ou o que estava antes da classe). A classe é o dispositivo de interpelação, o fantasma, seu resto (tênue facticidade, materialidade intratável para além da pertença). Como animais predatórios: a classe persegue, o animal espera". E depois acrescenta: "[os fantasmas] são a pura potência do ser (ou do não ser), nunca um limite, sempre um umbral". Esse umbral é um lugar de interseção

entre o animal e o fantasma, como modos da potência irredutíveis às formas do humano (LINK, 2009, pp. 12-13).

10. Claudia Kozak trabalhou a noção de "umbral" e de "entremeio" entre público e privado em Puig, iluminando outra topografia de sua escrita na qual se lê um horizonte de politização: "um espaço 'outro'", diz Kozak, "não localizável mas transformador, fundado nas relações entre corpos e linguagens". (KOZAK, 2011, p. 147)

11. Ver Florencia Garramuño, *La experiencia opaca* (op. cit.); Cecilia Palmeiro, *Desbunde y felicidad. De la cartonera a Perlongher* (2011).

12. Ver a este respeito Paloma Vidal, "La posibilidad de lo imposible" (2009) e Reinaldo Ladagga, *Espectáculos de realidad* (2007).

13. Para a noção de acefalia, ver Raúl Antelo: "a experiência do moderno é uma experiência com o acéfalo, não só com o que suspende o domínio da racionalidade, mas também com o que nos mostra a contextura de um corpo" (2008, p. 13).

14. Roberto Echavarren assinala esta união: "As mulheres em Di Giorgio invariavelmente põem ovos, como se genótipo e fenótipo coincidissem, como se em cada indivíduo se recapitulasse o desenvolvimento das espécies vegetais e animais. As narrações, que juntam o humano com todas as formas de vida num bestiário, poderiam levar o título genérico de 'Vida sexual das espécies'; só que não se trata aqui de fatos positivos e comprovados, mas de pretextos para situações a rigor inventadas, mas 'sentidas' como reais." (s/d)

15. "Pasada una larga hora, señora Dinorah se alzó apenas, con levedad, sacó un ojo temblando para ver qué había. No vio nada, pero, igualmente, se agachó a esperar un poco aún. Y así, otras veces. En una de esas postraciones abrazó sin querer en el suelo, algo vivo, caliente, grueso, liso, un cerdito de jardín, le pasó la mano por el pelo, lo besó de pronto en la boca (pero qué ocurrencia!), él le devolvió el beso con lengua rosada, espesa, de clavelinas y jamón..."

16. Elizabeth Grosz lê esta variação inerente da vida em Darwin, em sua hipótese sobre a "seleção sexual": "A função da seleção sexual é maximizar a diferença ou a variação, e consegue-o maximizando tanto o interesse sexual como as formas e os tipos corporais" ["The function of sexual selection is to maximize difference or variation, and it succeeds in doing this by maximizing sexual interests as much as bodily types or forms"]. Contra a leitura estendida que associa a noção de seleção sexual no mundo natural à concorrência dos mais aptos, Grosz recupera em Darwin a lógica proliferante, diferencial, que atravessa a seleção sexual, onde o que conta não é a norma do mais apto, mas a variação e a diferença: "A seleção sexual não consiste na capacidade de escolher os melhores genes para a próxima geração, mas antes na atividade de seres espontâneos que operam de acordo com seus desejos e gostos (às vezes) irracionais para traçar conexões e encontros corporais, que às vezes mas nem sempre levam à copulação e ao orgasmo, e ainda menos frequentemente à reprodução" ["Sexual selection is not the ability to choose the best genes for the following generation, but is rather the activity of spontaneous beings who operate according to their (sometimes) irrational desires and tastes to make bodily connections and encounters, sometimes but not always leading to orgasm and copulation, and even less frequently to reproduction"] (GROSZ, 2011, pp. 130-131).

4 . Copi e a guerra pela cidade

"Estes humanos são como nós – gritou Rakä –; a prova: são prisioneiros dos humanos!" (COPI, 2009, p. 87): na voragem de uma rebelião animal que começa, e que alcançará dimensões não só planetárias mas messiânicas, um rato descobre esta fórmula que torna possível uma aliança entre espécies: aqueles homens que foram colocados na prisão ou num manicômio, os delinquentes, os loucos, os doentes que foram despojados de seus direitos como cidadãos deixaram, por isso mesmo, de ser propriamente humanos, e podem, consequentemente, unir-se à revolta animal. O não cidadão é um já não humano e portanto "como nós": um animal. O raciocínio do rato condensa o impulso que mobiliza a rebelião animal narrada em *La ciudad de las ratas* [A cidade dos ratos], de Copi, publicado em francês em 1979 e em espanhol trinta anos depois, em 2009. Como se recordará, o texto de Copi conta as aventuras parisienses de Rakä e Gouri, que depois de algumas tentativas amorosas com Iris e Carina - filhas da Rainha dos Ratos - embarcam numa vertigem de eventos que terminarão com um dilúvio, uma guerra mundial e uma viagem ao Novo Mundo, onde encontram uma "cidade dos ratos" que conduzirá, em sua estrutura labiríntica, à rua Buci em Paris, onde se originou a história. A revolta dos animais - como sucede, como vimos, em outras ficções de rebelião animal - é a ocasião para imaginar outra ordem comunitária e outro ordenamento de corpos e de espécies, não necessariamente mais harmônico (a rebelião dos ratos de Copi não é pacífica, precisamente), mas uma que disputa o privilégio do humano, ou de certa versão do humano, por sobre os outros corpos e as outras formas de vida. Louis Marin, falando da fábula animal, indicava que o gênero é um "dispositivo de deslocamento e de retorno" pelo qual os mais fracos disputam o poder da palavra do "mais forte" e se apropriam dele: um gênero político, que a partir do oral (a fábula se joga entre comer e falar) põe em movimento a distribuição política da capacidade de linguagem a partir daqueles definidos por sua privação de fala, os animais (MARIN, op. cit.).

As ficções de rebeliões animais como as de Copi transcorrem numa direção similar: os animais tomam a palavra (ou "ocupam" a linguagem com barulhos, como vimos em *Meu tio o iauaretê*, de Guimarães Rosa) e disputam os ordenamentos políticos de corpos, raças e espécies; contestam uma ordem biopolítica que traça distinções e hierarquias sobre um *continuum* de corpos. Tal é o raciocínio dos ratos de Copi: *o preso, o louco, o não cidadão são "como" um animal*: a distinção entre humanos e animais não responde a uma ontologia da espécie, mas a uma política dos corpos, uma política que diferencia as vidas reconhecidas, protegidas, os "cidadãos", dos corpos ilegais, dos clandestinos, irreconhecíveis, que no texto de Copi passarão tanto por animais - fundamentalmente os ratos, "vítimas privilegiadas" diz Daniel Link[1] - como pelos delinquentes, pelos imigrantes, pelos loucos e pelas loucas. A rebelião liderada pelos ratos tomará por objeto essa distinção; enfrenta não os animais contra os humanos, mas antes os "cidadãos" e os "não cidadãos": uma revolta dos heterogêneos, dos díspares, dos corpos irredutíveis à "igualdade" do direito e da lei, e que pelo contrário ensaiam outros modos de relação que, como veremos, passam pela adoção e pela filiação. A revolta animal é esse ensaio de outra comunidade - que fracassará, mas que deixa a memória de seu evento, de seu "Acontecimento", como o denominam seus protagonistas.

César Aira explica uma dimensão de *La ciudad...* que me interessa sublinhar: a que faz do mundo dos ratos não um mundo alternativo, confrontado e "outro" com respeito ao mundo humano, mas um *contínuo*, onde as duas cidades - a dos homens e a dos ratos – estão em conexão, em tráfico permanente e em tradução (da qual surge o romance mesmo). Os ratos leem ao contrário, reciclam materiais, ocupam os espaços dos humanos: armam, diz Aira, "uma etologia da passagem e uma antropologia do contínuo" (2003, p. 82). Esse contínuo, que não contrapõe animais e humanos e seus "mundos", mas sim trabalha sobre suas linhas de contiguidade, de reciclagem, de uso entre eles,[2] é o que aqui se torna o terreno sobre o qual se disputam a revolta, a resistência e as alianças. Não um universo em que as espécies e os corpos estão diferenciados por "naturezas", mas, ao contrário, onde o que constitui o mundo é uma multiplicidade móvel, uma heterogeneidade e um tráfico que põem em questão toda ontologia e toda essência dada: esse contínuo de corpos, cidades, trajetórias e matérias que se torna matéria estética é também matéria política – sobre esse contínuo se traçam as distinções entre humano e animal, pessoa e não pessoa, que constituem os ordenamentos biopolíticos de corpos, povos, territórios. Copi contesta esses ordenamentos e lhes opõe esse "olhar do revés" que os desconhece: o que vê o contínuo e não a cesura. Tal é a matéria da ficção e de sua política.

Nisso os ratos de Copi não estão sozinhos: como vimos, muitas das inscrições do animal na cultura das últimas décadas funcionam como signos políticos que disputam não tanto a noção do "humano" como ontologia e como hierarquia sobre o restante do vivente – isto é: em termos de uma discussão crítica da tradição humanista – como às distinções políticas entre "vidas" – entre as vidas que se protegem e se reconhecem socialmente, e as vidas marcadas para a exploração, o consumo ou a precariedade, a distinção, enfim, entre as "pessoas" (em princípio "humanas") e as vidas não pessoais. O animal ali não "naturaliza", e sim politiza: não repõe o domínio de uma natureza ou biologia originária, mas, ao contrário, indica e desestabiliza uma ordem biopolítica de corpos. O animal serve à cultura para contestar *mecanismos ordenadores de corpos*: traz uma nova instabilidade – o contínuo de que fala Aira – que é irredutível às distribuições entre corpos reconhecíveis e irreconhecíveis, entre *bios* e *zoé* ou entre pessoa e não pessoa. Menos que o "outro" do humano, o animal foi um terreno a partir do qual se pensaram e se contestaram políticas de corpos e da vida. O animal traça a fronteira dessa ordem biopolítica e a partir daí a impugna e produz alternativas.

Justamente, dessa fronteira interior/exterior se origina a rebelião animal no texto de Copi, e põe no centro do relato a questão da cidade. O título mesmo do romance remete à cidade e à cidadania, e ao lugar dos ratos – animais urbanos, se os há – no universo da cidade. A "cidade dos ratos" (e a "cidade das artes": *rat* é anagrama de *art* em francês)[3] constitui uma espécie de contracidade, uma cidade dentro da cidade, ou melhor, uma cidade interior/exterior à cidade, justaposta a ela, mas desdobrando outra escala, invisível e hiperpresente. A rebelião animal é a revolta desta cidade-outra; a revolta dos incontáveis, dos que excedem a contagem de corpos no espaço da metrópole. O texto, desde o começo mesmo, se arrisca ao redor da inflexão entre os cidadãos e essa outra população difusa, múltipla, clandestina, que vive na cidade mas não tem direitos de cidadania, o domínio instável, fluido, de uma vida sem lugar jurídico – isso que Agamben pensa em termos de *zoé* desagregada do *bios* – e que aqui condensa as energias políticas que fazem possível o "Acontecimento" da rebelião. Começa com o abandono de um morto – com caixão e tudo – numa lata de lixo numa rua de Paris, "à espera de que os lixeiros negros da madrugada o levem, ainda que seja para roubar as alças, e de que atirem o cadáver por aí com o lixo e o ramo" (op. cit., p. 22): o texto se abre, pois, com um corpo descartado, transformado em lixo, e portanto na fronteira entre os corpos reconhecidos e os corpos supérfluos; e traçando, a partir do olhar do rato, esse mundo feito dos dejetos da cidade – mercadorias, lixo, corpos – e que convive com a cidade mesma e se superpõe a ela. A partir daí, a escrita tornará esse universo de dejetos matéria narrativa e o transformará no terreno de seu desdobramento.

Justamente porque a revolta animal tem lugar na fronteira entre cidadãos e não cidadãos, começa nos tribunais, no Palácio de Justiça, durante o julgamento de Mimile (Mimile é o vagabundo que recolheu Vidvn - Nadia ao contrário -, uma menina cuja mãe morreu sufocada depois de assustar-se com, justamente, os ratos no parque). Mimile é condenado à morte por um crime que não cometeu; os animais são levados à corte como "peças de convicção" para provar o crime. Nesse contexto se cozinha a revolta: os animais temem ser levados a laboratórios como corpos experimentais, e a uma só vez são testemunhas da injustiça da lei; "pactuemos contra os humanos", dizem. A revolta se torna inevitável: à primeira oportunidade escapam e dão lugar à rebelião dos animais contra a cidade.

O "Acontecimento" abrirá uma sequência de alianças – muito precárias, aliás - entre corpos e espécies diferentes, que incluem prisioneiros, ratos, loucas, serpentes, papagaios, vagabundos, imigrantes e crianças, quer dizer, aqueles corpos que não são as "pessoas" ou os cidadãos propriamente ditos; nenhum participante da revolta é uma "pessoa" reconhecível social e juridicamente.[4] Por isso é decisivo que a rebelião comece no Palácio de Justiça, ali onde a lei se exibe não só em sua arbitrariedade e em sua caricatura, mas também na violência pela qual segrega as vidas protegidas dessas outras vidas irreconhecíveis, as não pessoas - e que aqui são "cidade": esse é um dos gestos-chave deste texto. Uma *cidade* feita de não pessoas, dos clandestinos, dos ilegais, tal é o impulso utópico - que não deixa de ser matéria de ironia - que percorre a ficção da rebelião de Copi.

Essa contracidade é o lugar da ficção e da política: uma zona irredutível ao ordenamento da lei. Dali se narra. O animal será o agente que ativa esse universo e o desencadeia sobre a ordem da "realidade". Em *La cité...* a escrita e a ficção funcionam como a conexão e a mediação entre as duas cidades: o romance consiste na tradução das cartas de um rato - Gouri - ao humano que o albergou - Copi -, que funciona como o mediador entre os dois mundos, o dos humanos e o dos ratos. A ficção e a escrita, pois, como tradução, como isso que só tem lugar "entre", mas um "entre" irredutível a qualquer termo comum dado, preexistente, e que não repõe uma língua comum. A escrita passa entre cidades heterogêneas, incomensuráveis, e registra essa diferença irredutível: uma tradução como marcação de diferenças entre línguas (e corpos, espécies, culturas e temporalidades) díspares.

A rebelião, então, impugna não a distinção humano/animal, mas a distribuição entre cidadãos e não cidadãos: entre pessoa e não pessoa, entre *bios* e *zoé*. É justamente uma desativação dessa distinção - que é a distinção biopolítica por excelência – o que se ficcionaliza a partir do texto de Copi como revolta (e que constitui, podemos pensar, a matéria do estético): no que se chama o "Acontecimento", que faz visível o fato de que "a vida de todos era similar e não se diferenciavam umas das outras a não ser pelas decorações sucessivas que não se pareciam entre si" (COPI, op. cit., pp. 87-88), que se resolve como pulsão narrativa e como laço na linguagem: humanos e ratos "contavam uns aos outros suas vidas bem alto e a toda a velocidade, e o clamor subia até nós" (idem, ibidem, p. 87). Dali traça as coordenadas de uma imaginação da comunidade que não passa pelo humano como índice e norma da pertença, mas antes por uma lógica de heterogeneidade e aliança entre corpos e que aqui é "a cidade". A ficção é pois a de uma comunidade de corpos heterogêneos, em aliança contra a cidade dos homens – ou melhor, contra a ordem de uma cidadania fundada na violência da lei. Em contraste, o que emerge da rebelião animal é uma "cidade itinerante":

> "Estamos", diz Gouri, numa arenga aos rebeldes, "sobre esta cidade itinerante de espécies variadas cujo maior interesse é a sobrevivência. A paz nos é indispensável a todos. (...) Há um termo certo para a vida, que é nosso laço comum, mas a natureza de nosso tempo faz-nos receá-lo, e não sabemos por que extremo se deixa tomar. Proponho-

lhes que vivamos juntos até a morte, confiando na eternidade, que está para o tempo assim como o gato para o rato, e isto mesmo se a morte é dura (...) devemos fundar nossa superioridade sobre nossa astúcia comum: todo e qualquer homem que passou uma parte da vida num calabouço é um rato por adoção; todo e qualquer rato que sabe falar é, por adoção, um homem" (idem, ibidem, p. 98).[5]

Essa contracidade é composta por corpos diversos cujo valor comum é a sobrevivência e a astúcia: é, pois, a aliança pela sobrevivência – e não a "luta pela vida" individual – o que funda essa comunidade de heterogêneos; a sobrevivência (e suas "astúcias" num tempo que "nos faz recear" a morte, "não sabendo de que extremo se deixa tomar")[6] como condição de aliança e de comunidade, contra a cidade fundada na lei e nos direitos dos cidadãos. A cidade dos ratos aposta em outras formas de vida que passam pela aliança entre os incomparáveis, os não equivalentes sob uma norma ou identidade comum. Essa aliança é uma "adoção": uma filiação contra a afiliação, uma identificação contra a identidade. A adoção e a aliança se conjugam assim ao redor de um laço político entre aqueles que ficam fora da lei humana, mas que compartilham a possibilidade da linguagem e da tradução. A comunidade se articula no laço da linguagem e da vida (como aliança em "nossa astúcia comum") e não na lei ou no direito: esse é o impulso que percorre a ficção de Copi, o de uma comunidade feita de alianças entre línguas e corpos heterogêneos contra o contrato legal, normalizador, dos iguais, dos cidadãos, e dos "humanos" (a aliança humano-animal é sempre uma guerra contra o Humano). A figura da comunidade é então a da adoção: *os heterogêneos que se adotam, e não os iguais que se reconhecem*.[7]

E, ao mesmo tempo, essa adoção é sempre uma deslocalização: a rebelião animal é também a instância de uma desterritorialização em âmbito planetário. A "ilha da Cité" – de novo, a cidade dentro da cidade – desprende-se de Paris por causa do dilúvio produzido pelo Diabo dos Ratos, e empreende sua viagem para o Novo Mundo, onde se encontrará a "cidade dos ratos", cujo portal diz "ARTS em caracteres trogloditas" e que, depois de um circuito labiríntico e subterrâneo, terminará conduzindo ao ponto de partida na rua de Buci em Paris. Em todo caso, o que interessa marcar é o fato de que aqui, como em geral em Copi, não há uma topografia marcada, definida, da cidade: a cidade já sempre abriga sua contracidade, e esse *topos* tem escala global, planetária (quando não galáctica, como em *La guerra de las mariconas*). *Não há fora*: tudo o que sucede implica ou envolve o "mundo", e especificamente em *La cité...* tudo conduz ao "Novo Mundo"; o fragmento de cidade – a ilha

– torna-se conector rizomático, poderia dizer-se, com uma topografia aberta, que tem lugar como contínuo e que passa por uma instabilidade entre a realidade e a ficção, entre a superfície e a profundidade, entre o labirinto e o plano; ali toda fronteira se torna umbral e confim, e conecta com uma nova passagem; a cidade dos ratos será o terreno para esse desdobramento, que tira o mundo de seu eixo, como se fosse uma mutação geológica – ou como diz o Emir dos Papagaios, "o eixo sobre o qual gira o mundo se tornou louco, agora gira em todos os sentidos como esses bastões que essa curiosas ex-mulheres americanas chamadas *majorettes* balançavam para atrair a atenção da multidão" (COPI, op. cit., p. 92). A cidade dos ratos é assim uma *hipótese sobre a cidade:* sobre a cidade como agenciamento de corpos, como união incessante de laços, de trajetórias e de temporalidades e como superposição de pontos de vista, não necessariamente humanos; a cidade, enfim, como exercício e desdobramento de uma multiplicidade que desafia todo pressuposto de identidade. Nela está em jogo a viagem para um "novo mundo" que se revelará como latência, virtualidade, ficção contida no presente, no mundo "real" que é a uma só vez o de uma Europa irreconhecível e da cidade de Paris docilizada. Sobre esse fundo, a cidade dos ratos é a instância desse deslocamento em que se conjugam e se condensam a interrogação sobre a comunidade e o comum que é sempre outro ordenamento de corpos - e outro universo de laços e de filiações: ao final, Rakä e Gouri ficarão com um filho - não se sabe de qual dos dois, mas "que se parece conosco em espírito" - e a quem chamam Gourakäreina [Gourakärrainha], nome trans que combina o nome dos pais com o da avó, a Rainha dos Ratos. Outra afiliação, que, uma vez mais, passa pela filiação, pela adoção, pelo laço social, político e desejante, que se calca sobre a família, mas cujo conteúdo é finalmente o dessa comunidade do múltiplo e do díspar. E essa cidade se imagina a partir do limite indeterminado, aberto, que a literatura escreve sob o signo do animal, que aqui é o signo de uma relação não codificada entre corpos, a distância da ordem da lei e como aliança entre mundos heterogêneos - isto é, o lugar a partir de onde se figuram outras políticas do comum.

Tal é o itinerário desta rebelião dos animais, que seus próprios protagonistas não hesitam em qualificar de "erro": ao final, quando já têm a Gourakäreina e estão de volta à rua Buci, Gouri e Rakä pensam que talvez, graças a seu filho ter feito "sua entrada no mundo ao mesmo tempo que na aventura, não cometeria o mesmo erro na aventura que nós no mundo" - ali onde o erro pareceria ter suas regras específicas, e onde a capacidade de diferenciar o "mundo" e a "aventura" seria a aprendizagem mesmo do romance. Imediatamente, no entanto, se corrigem: "ainda que inclusive matutando sobre o tema, não chegávamos a encontrar qual havia sido o erro" (op. cit., p. 136). Isso que não se aprende – isso que não se termina de aprender –, essa capacidade insistente de errar é o que insiste nesta escrita, e esse equívoco a abre ao mundo.

NOTAS

1. "Copi sabe que o rato é a vítima privilegiada das fantasias de extermínio dos seres humanos, um 'outro' radical com respeito ao qual se sustentam as mais extravagantes hipóteses para justificar o mau trato, a segregação, a matança e a algaravia pela destruição do outro, e por isso as escolhe como voz e como tema" (LINK, 2009).
2. E que para Aira compõem essa "felicidade" que não tem nada de aprazível, mas que "se instala na realidade, tingida de maravilhoso" (ibidem).
3. Ver a este respeito Julieta Yelín, "Cartas desde el Nuevo Mundo. Sobre *La cité des rats* de Copi", VIII Congreso Internacional de Teoría y Crítica Literaria Orbis Tertius, Facultad de Humanidades y Ciencias de la Educación, Universidad de la Plata, na página web http://citclot.fahce.unlp.edu.ar/viii-congreso.
4. "O homem é pessoa se, e só se, é dono de sua própria parte animal, e é também animal só por poder submeter-se àquela parte dele dotada do carisma da pessoa. Aliás, nem todos têm esta tendência ou esta disposição à própria 'desanimalização'. De sua maior ou menor intensidade derivará o grau de humanidade presente em cada homem, e, portanto, também a diferença de princípio entre quem pode ser definido com pleno direito como pessoa e quem pode sê-lo só em certas condições" (ESPOSITO, 2011, p. 66).

5. "Estamos sobre esta ciudad itinerante de especies variadas cuyo mayor interés es la supervivencia. La paz nos es indispensable a todos. (...) Hay un término cierto para la vida, que é nuestro lazo en común, pero la naturaleza de nuestro tiempo nos hace recelar de él, y no sabemos por qué extremo se deja tomar. Les propongo que vivamos juntos hasta la muerte, confiando en la eternidad, que es al tiempo lo que el gato al ratón, y esto mismo si la muerte es dura (...) debemos fundar nuestra superioridad sobre nuestra astucia común: todo hombre que ha pasado una parte de su vida en un calabozo es una rata por adopción; toda rata que sabe hablar es, por adopción, un hombre."

6. Como se o "vivermos juntos" pudesse desafiar ou ao menos redefinir a relação com esse "lugar-comum" que é a morte: "morrer confiando na eternidade", diz. Recordemos, de passagem, que em dado momento do texto o tradutor Copi recita, "con mi execrable acento español", as *Coplas a la muerte de su padre*, de Jorge Manrique.

7. Em termos similares, Germán Garrido lê a questão da comunidade em Copi como uma "comunidade de monstros", na qual o indivíduo se faz visível como um "resto em que a identidade se trai a si mesma". A pergunta pela comunidade em Copi tem lugar ali onde as retóricas da identidade – e do humano – se esvaziam e dão lugar a um laço que é o do desejo e da singularidade do corpo como sexualidade. Ver Germán Garrido, "Entre locas y argentinos: Copi y la comunidad que viene" (manuscrito não publicado).

Coda: crítica e biopolítica

Duas insistências parecem traçar o contorno destas interseções entre a vida e a política sob o signo do animal; duas insistências que constituem operações críticas que me interessam sublinhar na medida em que desmontam a partir da cultura as matrizes ou molduras biopolíticas pelas quais se faz inteligível uma vida como humana e se traçam distinções e hierarquias sobre o vivente. Por um lado, a definição e a figura mesma do "indivíduo", como corpo individuado, reconhecível como "um", enfrenta um desafio constante, sistemático; não há, parecem repetir estes materiais, corpo que não seja uma multiplicidade, ou constituído numa multiplicidade e numa rede: esse parece ser um princípio ou uma regra da visibilidade dos corpos que traça uma sintonia entre os materiais e as leituras. Por outro lado, a interrogação recorrente da relação entre vida e propriedade, ou vida e mercadoria, ali onde o corpo capitalizado do animal reflete a condição generalizada de todo corpo e de toda vida – onde a ontologia do humano já não é suficiente para conter ou encobrir a expansão do capital sobre todo o vivente.

Trata-se, como se perceberá, de duas zonas que se recortam sobre lógicas biopolíticas específicas. A chave é que estas zonas têm a ver com interrogações ou explorações formais, que envolvem os modos de distribuição do sensível e as regras de visibilidade e percepção do real – isto é, têm a ver com indagações que passam pela inteligência das formas estéticas e pelas políticas estéticas que a crítica articula e mobiliza a partir delas.

1) Muitos dos materiais trabalham sobre a *distância e a dissimetria entre o corpo e a forma individual ou individuada*: os corpos que estes materiais conjugam não são corpos individuais, corpos que possam definir-se em torno de um indivíduo como forma. Antes, o corpo inscreve a linha de sombra do indivíduo: o que nele resiste a toda demarcação nítida e, sobretudo, ao fechamento sobre si, o princípio pelo qual o corpo funciona como unidade e como dobra sobre si mesmo. Os corpos são a uma só vez pré-individuais e múltiplos: têm lugar ali onde são irredutíveis ao contorno demarcado e delimitado do individual.[1]

Esses corpos se tornam visíveis por forças e por intensidades que os arrastam para seu fora, para o limite ou o espaço de relação, de exposição ou de agenciamento. Não há, pois, corpo *em si mesmo*, há corpos em relação, em exposição; há topografias e cenários cuja lógica passa pelo espaço entre corpos que desenham. *Diagramas de multiplicidade e de relação*: isso é o que estas formas produzem e trabalham em sua inscrição da vida animal, fazendo visível uma lógica de corpos cujo princípio básico é que o corpo não existe como ele mesmo, como autonomia, como realidade isolada e demarcada: não funciona como ontologia do indivíduo, como a sede, fundamento ou núcleo disso que chamamos sujeito individual. "Corpo" aqui equivale a relação e a *entre corpos* – quer dizer, ao não individualizável, ao que resiste a toda individualização nítida. Um corpo tem lugar entre outros: o que se pensa nestas explorações são as formas e os sentidos desse *entre* que reclama outras epistemologias, que transborda a distinção entre individual e coletivo para pensar-se em termos de rede, de ontologias relacionais, de viralidade e contágio, de junturas.

Dito de outro modo: as formas estéticas e culturais como dispositivos a partir dos quais o corpo funciona não como a afirmação e a sede do indivíduo, mas como seu ponto crítico, como linha de abertura e relação para o comum que o constitui e o atravessa.

2) O outro tema que se articula em torno do animal passa pela interrogação sobre a relação entre vida e propriedade, e especificamente sobre os modos como o corpo animal faz

visíveis as operações a partir das quais a vida se torna apropriável e privatizável, factível de ser constituída como propriedade e mercadoria. Ali se lê uma ressonância com discussões sobre os modos como nas últimas décadas vida e capital se enlaçam e se unem de modos mais intensivos, onde a geração de vida é inseparável do cálculo do capital. Se o animal foi testemunha e objeto deste processo de capitalização durante séculos, a distância que o separava dos homens parece ter-se apequenado, ou diretamente desaparecido, e a "própria" vida e o "próprio" corpo humanos se expõem, com um alcance inédito, ao reflexo do capital – tal é a insistência que se registra em alguns destes materiais e destas leituras sobre a vida animal. O que emerge ali tem a ver com uma interrogação da vida como excesso com respeito à lógica da propriedade e da forma mercadoria, das formas de medida e de cálculo que o capital impõe necessariamente sobre a vida daqueles corpos que torna instância de troca e equivalência.[2] A insistência que se ouve nestes materiais diz que algo no vivo excede e resiste ao ordenamento da propriedade: uma estética que trabalha as formas de desdobramento, as linhas de visibilidade de um *bios* irredutível à propriedade, um *bios* não próprio ou impróprio, sobre o fundo de uma capitalização generalizada dos corpos e do vivente.

Dito de outro modo: o espaço da cultura como terreno onde se ensaiam formas e políticas do vivente que resistem à ordem "propertizada" e privatizada de corpos, de matérias, de códigos e de equivalências do capital.

Indivíduo e propriedade: é bastante nítido o horizonte que desponta nestas interrogações. Indivíduo e propriedade são dois vetores a partir dos quais a biopolítica - especialmente na era neoliberal - gere a inteligibilidade de uma vida como "humana", onde define o que conta como "vida" protegível, as matrizes de pertença social, e o conteúdo do reconhecimento jurídico - um corpo individualizado, um sujeito constituído enquanto proprietário. Tal, diz Esposito, é a lógica da "pessoa", o "dispositivo personológico": a pessoa será tal com a condição de ser a dona de seu corpo e de sua vida; o seu é o domínio de um corpo isolado e demarcado com respeito aos outros, privatizado e constituído em sua primeira propriedade, constituído em *coisa*. Tal equação se projetará sobre outros corpos: o dos "outros" sociais, raciais etc., e sobretudo o dos animais; o animal será o paradigma mesmo do dispositivo, na medida em que representa a não pessoa por excelência, a *coisa vivente*. Dali - a partir das lógicas de individualização e personalização, e dos mecanismos da propriedade sobre a vida - se gerem muitas das tecnologias do "fazer viver" em nossas sociedades (ESPOSITO, 2007; 2011).

As operações formais e críticas que se conjugam aqui enfocam exatamente o que fica fora desta matriz de individualização e privatização, o que a põe em variação e o que a desmonta: são procedimentos, métodos - dispositivos - a partir dos quais se concebem uma vida e corpos irredutíveis à forma indivíduo, à individualização que se reclama aos corpos (para que naturalizem e ontologizem o eu, o *si mesmo*) e que transbordam a lógica da propriedade desdobrando modos de relação com o vivente que não respondem ao requisito de coincidir, seja com a figura do proprietário, seja com a da *coisa* apropriável - são repertórios formais que desdobram, ao contrário, um vivente impessoal, impróprio. Isso é o que a cultura ilumina e pensa a partir do animal: *um ensaio de ferramentas para elaborar outros modos do sensível e outras relações com a materialidade dos corpos*, contra a captura da vida na dupla sujeição do indivíduo e da propriedade. Por isso a cultura funciona como dispositivo para inventar outros modos de vida, outras éticas e outras políticas.

Isto tem lugar numa inflexão histórica em que a vida perdeu toda referência a determinada natureza, onde já está sempre constituída por tecnologias políticas e econômicas, e portanto desontologizada, tornada terreno de experimentação e de variação - ali onde o natural e o biológico se exibem numa nova abertura e numa nova plasticidade e ao mesmo tempo numa sujeição e num controle sem precedentes. As investigações que se reúnem aqui não repõem a partir do animal o fundo de uma natureza, mas, ao contrário, desdobram essa natureza como vazio e como indeterminação. Dizem que não há corpo que não exista em relação, que não há corpo que não se constitua entre corpos, em agenciamentos coletivos, a uma só vez biopolíticos e tecnológicos. Ao assim fazerem, desmontam o que talvez seja a operação fundamental da biopolítica contemporânea: a que faz do corpo uma matéria apropriável, propertizável, privatizável, sobre a qual se estampam os sentidos da autonomia do indivíduo, e que se torna um "capital" social, econômico e potencialmente político – a norma de um "indivíduo" dono absoluto de seu corpo, da potência de "sua" vida, proprietário de sua diferença que se quer irredutível ao espaço de relação com os outros, de que necessita imunizar-se constantemente porque ameaça sua mesma instância, sua efetuação como indivíduo. E que, por sua vez, descansa sobre uma especialização e uma nova sacralidade de uma "natureza humana" sobre a qual se conjugam novos ordenamentos disciplinares e normalizadores, e que se disputam sobre o terreno da vida e das políticas do corpo.

Contra estas biopolíticas, uma política estética que desontologiza a vida, e que a abre a novas configurações que não passem pelo indivíduo e pela propriedade como matriz de inteligibilidade do humano. Ali se podem pensar estas figurações do animal da cultura, seus corpos difusos, a gramática do virtual que ensaiam, as forças indeterminadas que liberam: como terreno a partir de onde se pensam saberes e práticas alternativos que são outras configurações biopolíticas: outros modos de pensar o coletivo, outras lógicas da cidade e do público como multiplicidade de formas de vida, como produção de espaçamentos e de relacionalidade entre corpos. E, portanto, outros modos de pensar o comum como umbral onde se direcionam e canalizam novas possibilidades dos corpos, contra os ordenamentos em curso e para além deles.

NOTAS

1. Funcionam, neste sentido, num terreno mais próximo disso que Simondon chamou o "transindividual" (SIMONDON, op. cit.).
2. As referências clássicas desta discussão são a trilogia de Antonio Negri e Michael Hardt, *Empire*, *Multitude* e *Commonwealth*, especialmente esta última, onde se discutem com mais detalhe as relações entre produtividade biopolítica e regime de propriedade e privatização. (NEGRI; HARDT, 2010) Ver também Judith Revel, "Identity, Nature, Life. Three Biopolitical Deconstructions" (2009, pp. 45-54).

Bibliografia

AGAMBEN, Giorgio. **Homo sacer. Il potere soverano e la nuda vita**. Torino: Einaudi, 1995.

_____. **L'aperto. L'uomo e l'animale**. Torino: Bollati Boringhieri, 2002.

_____. "Inmanencia absoluta". In: GIORGI, G. e RODRÍGUEZ, F. (orgs.). **Excesos de vida. Ensayos sobre biopolítica**. Buenos Aires: Paidós, 2007.

_____. "Una biopolítica menor". Disponível em http://golosinacanibal.blogspot.com/2010/10/uma-biopolitica-menor-entrevista-com.html.

AGUILAR, Gonzalo. "La experiencia del despojo". In: **Cronopios**, ano 8, 26 de novembro de 2006. Disponível em http://cronopios.com.br/site/colunistas.asp?id=1959

AIRA, César. **Copi**. Rosário: Beatriz Viterbo, 2003.

ANDERMANN, Jens. "Tesis sobre la metamorfosis". In: **Boletín/16 del Centro de Estudios de Teoría y Crítica Literaria**. Rosário: n. 16, dezembro de 2011.

ANTELO, Raúl. "Zoologías imaginarias y biopolíticas modernas". In: **Boletín/7 del Centro de Estudios de Teoría y Crítica Literaria**. Rosário: n. 7, outubro de 1999.

_____. **Crítica acéfala**. Buenos Aires: Editorial Grumo, 2008.

BALDERSTON, Daniel; MARISTANY, José. "The lesbian and gay novel in Latin America" In: **The Cambridge Companion to the Latin American**

Novel. KRISTAL, Efrain (ed.). Cambridge: Cambridge Collections Online, 2005.

BOERO, Soledad. **Trazos impersonales. Sobre la heterobiografía en Carlos Correas y Jorge Baron Biza**, tese de doutorado. Centro de Estudios Avanzados, Universidad Nacional de Córdoba, 2013.

BOLLE, Willi. **grandesertao.br: o romance de formação do Brasil**. São Paulo: Editora 34, 2004.

BRAIDOTTI, Rosi. **Nomadic Theory**. Nova York: Columbia University Press, 2012.

BUTLER, Judith. **Precarious Life. The Powers of Mourning and Violence**. Londres: Verso, 2004.

_____. **Frames of War. When Is Life Grievable?** Londres: Verso, 2009.

BYLAARDT, Cid Ottoni. "O desastre da escritura: 'Meu tio o iauaretê'". In: FATINI, Marli (org.). **A poética migrante de Guimarães Rosa**. Belo Horizonte: Editora da UFMG, 2008.

CAMPBELL, Timothy. **Improper Life. Technology and Biopolitics from Heidegger to Agamben**. Minneapolis: University of Minnesota Press, 2011.

CASTRO, Eduardo Viveiros de. **Metafísicas caníbales**. Buenos Aires: Katz eds., 2010.

COPI. **La ciudad de las ratas**. Buenos Aires: Cuenco de Plata, 2009.

CORTÁZAR, Julio. **Bestiario**. Buenos Aires: Ed. Sudamericana, 1965.

DELEUZE, Gilles; GUATTARI, Felix. **Mil mesetas**. Valencia: Pretextos, 1998.

DERRIDA, Jacques. **L'animal que donc je suis**. Paris: Galilée, 2006.

_____. **Séminaire La bête et le souverain**, vol. 1. Paris: Galilée, 2008.

DESCOLA, Philippe. **Par-delà nature et culture**. Paris: Gallimard, 2005.

DI GIORGIO, Marosa. **Misales**. Buenos Aires: Cuenco de Plata, 2005.

ECHAVARREN, Roberto. "Marosa di Giorgio: devenir-intenso". In: **Agulha Hispânica. Revista de Cultura**, n. 10, Disponível em: http://www.jornaldepoesia.jor.br/BHAH10marosadigiorgio.htm

ESPOSITO, Roberto. **Bios. Biopolítica y filosofía.** Buenos Aires: Amorrortu, 2007.

_____. **Terza persona. Biopolitica della vita e filosofia dell'impersonale.** Torino: Einaudi, 2007b.

_____. **El dispositivo de la persona.** Buenos Aires: Amorrortu, 2011.

FANTINI, Marli. **Guimarães Rosa: fronteiras, margens, passagens.** São Paulo: Ateliê Editora, 2004.

FOUCAULT, Michel. **La voluntad de saber.** Cidade do México: Siglo XXI, 1984.

GALVÃO, Walnice Nogueira. "O impossível retorno". In: **Mitológica rosiana.** São Paulo: Ática, 1978.

GARCÍA, Susana. "Herencia biológica en el discurso de naturalistas argentinos de principios del siglo XX". In: MIRANDA, Adriana; VALLEJO, Gustavo (org.). **Darwinismo social y eugenesia en el mundo latino.** Buenos Aires: S XXI, 2005.

GARRAMUÑO, Florencia. **La experiencia opaca. Literatura y desencanto.** Buenos Aires: FCE, 2009.

GARRIDO, Germán. **Entre locas e argentinos: Copi y la comunidad que viene.** (Manuscrito não publicado)

GIORDANO, Alberto. "Manuel Puig, micropolíticas literarias y conflictos culturales". In: **Boletín/5 del Centro de Estudios de Teoría y Crítica Literaria.** Rosário: outubro de 1996.

_____. **Una possibilidad de vida. Escrituras íntimas.** Rosário: Beatriz Viterbo Editora, 2006.

GIORGI, Gabriel. "La rebelión de los animales: zoopolíticas sudamericanas". In: **Aletria.** Minas Gerais, v. 21, n. 3, 2011.

_____.; RODRÍGUEZ, Fermín (orgs.). **Excesos de vida. Ensayos sobre biopolítica.** Buenos Aires: Paidós, 2007.

GIUNTA, Andrea. **Objetos mutantes. Sobre arte contemporáneo.** Santiago do Chile: Palinodia, 2010.

GOLDCHLUK, Graciela; ROMERO, Julia. "El contorno del fantasma. La huella de la historia en *El beso de la mujer araña*, de Manuel Puig". In: **Orbis Tertius**. La Plata: Universidad Nacional de La Plata, 1997, vol. 2, n. 4.

GROSZ, Elizabeth. **Becoming Undone. Darwinian reflections on life, politics, and art**. Durham: Duke University Press, 2011.

HARAWAY, Donna. **Simians, Cyborgs and Women: The Reinvention of Nature**. Londres: Free Association Books, 1991.

KOZAK, Claudia. "Manuel Puig, la política, el umbral". In: **Ciencia, Docencia, Tecnología**. Paraná: Universidad Nacional de Entre Ríos, vol. 22, n. 43, novembro de 2011.

LADAGGA, Reinaldo. **Espectáculos de realidad**. Rosário: Beatriz Viterbo, 2007.

LEMKE, Thomas. **Biopolitics. An Advanced Introduction**. Nova York: NYU University Press, 2011.

LINK, Daniel. "Enfermedad y cultura: política del monstruo". In: BONGERS, W.; OLBRICH, T. (orgs.). **Literatura, cultura, enfermedad**. Buenos Aires: Paidós, 2006.

_____. **Fantasmas. Imaginación y sociedade**. Buenos Aires: Eterna Cadencia, 2009.

_____. "La cruzada de las ratas". In: **Revista Ñ**, dezembro de 2009b.

_____. "La obra como exigencia de vida". In: **Revista Ñ**, 24 de julho de 2010.

LIPPIT, Akita. **The Electric Animal. Towards a Rhetoric of Wildlife**. Minneapolis: University of Minnesota Press, 2008.

LISPECTOR, Clarice. **Perto do coração selvagem**. São Paulo: Círculo do Livro, 1980.

_____. **A paixão segundo G.H**. Paris, ALLCA XX/Fondo de Cultura Económica, 1996.

_____. **Água viva**. Rio de Janeiro: Rocco, 2005.

_____. **La pasión según G.H**. Buenos Aires: Cuenco de Plata, 2010. (Trad. Mario Cámara)

LOPEZ, Maria Pia. **Hacia la vida intensa**. Buenos Aires: Eudeba, 2009.

LUGONES, Leopoldo. "Los caballos de Abdera". In: **Las fuerzas extrañas**. Buenos Aires: Ediciones del 80, 1981.

MARIN, Louis. **La parole mangée et autres essais théologico-politiques**. Paris: Méridiens Klincksieck, 1986.

MARQUES, Davina. **Devir em 'Meu tio o Iauaretê': um diálogo Deleuze-Rosa**. Campinas: Unicamp, 2007.

MITCHELL, W.T. **Cloning terror**. The war of images, 9/11 to the present. Chicago: University of Chicago Press, 2011.

NANCY, Jean-Luc. "Vox Claman in Deserto". In: **The Birth to Presence**. Stanford: Stanford University Press, 2003.

_____. "Comunismo, la palabra". In: HOUNIE, Analia (org.). **Sobre la idea de comunismo**. Buenos Aires: Paidós, 2011.

NASCIMENTO, Evando. **Clarice Lispector, uma literatura pensante**. Rio de Janeiro: Civilização Brasileira, 2012.

NEGRI, Antonio; HARDT, Michael. **Commonwealth**. Cambridge: Harvard University Press, 2010.

NOLL, João Gilberto. "A literatura e a vergonha". In: **Limites: Anais, 3º Congresso Abralic**. São Paulo: Editora Universitária de São Paulo, 1995.

_____. **Lorde**. São Paulo: Francis, 2004.

_____. **A máquina de ser**. São Paulo: Nova Fronteira, 2006.

_____. "Escapo de la prosa neutra". In: **Ñ Revista de Cultura**. 29 de novembro de 2008. Disponível em: http://edant.revistaenie.clarin.com/notas/2008/11/29/_-01811489.htm

_____. **A céu aberto**. Rio de Janeiro: Record, 2008.

_____. **Acenos e afagos**. Rio de Janeiro: Record, 2009.

PAGDEN, Anthony. **The Fall of Natural Man. The American Indian and the Origins of Comparative Ethnology**. Cambridge: Cambridge University Press, 1987.

PALMEIRO, Cecilia. **Desbunde y felicidad. De la cartonera a Perlongher**. Buenos Aires: Títulos, 2011.

PEIXOTO, Marta. **Passionate Fictions. Gender, Narrative and Violence in Clarice Lispector**. Minneapolis: University of Minnesota Press, 1994.

PERLONGHER, Nestor. "Valentín y Molina: el sexo de la araña". In: AMÍCOLA, José; PANESI, Jorge (eds.) **El beso de la mujer araña** (edição crítica). Madrid/Paris: Association Archives de Litterature Latino-Americaines des Caraibes et Africaine du XXe Siècle, Colección Archivos, 2002.

PINTO, Sobral. **Por que defendo os comunistas**. Belo Horizonte: Universidade Católica de Minas Gerais, 1979.

PUIG, Manuel. **El beso de la mujer araña**. Nova York: Vintage, 1994.

RANCIÈRE, Jacques. **Politique de la littérature**. Paris: Galilée, 2007.

REVEL, Judith. "Identity, Nature, Life. Three Biopolitical Deconstructions". In: **Theory, Culture & Society**. Nottingham: TCS Center, 2009, vol. 26 (60), pp. 45-54.

RODRÍGUEZ, Fermín. **Un desierto para la nación. La escritura del vacío**. Buenos Aires: Eterna Cadencia, 2010.

_____. "Dejarse vivir, hacerse matar. De vuelta a *El sur*". Disponível em http://www.escritoresdelmundo.com/2011/09/dejarse-vivir-hacerse-matar-de-vuelta.html.

ROMANDINI, Fabián Ludueña. **La comunidad de los espectros. I Antropotecnia**. Buenos Aires: Miño y Dávila editores, 2010.

ROSA, João Guimarães. **Estas estórias**. São Paulo: Nova Fronteira, 2009.

ROSE, Nikolas. **The Politics of Life Itself**. Princeton: Princeton University Press, 2007.

SÁ, Lúcia. "Virar onça para vingar a colonização: 'Meu tio o iauaretê'". In: CHIAPPINI, L.; VEJMELKA, M. **Espaços e caminhos de João Guimarães**

Rosa. **Dimensões regionais e universalidade**. Rio de Janeiro: Nova Fronteira, 2008.

SANTIAGO, Silviano. "Bestiario". In: **Cadernos de Literatura Brasileira**, n. 17 e 18. Rio de Janeiro: Instituto Moreira Salles, 2004.

SARACENI, Gina. "La intimidad salvaje. El grado animal de la lengua". In: **Voz y escrita. Revista de Estudios Literarios**. Mérida: Universidad de los Andes, 2012.

SAUVAUGARNES, Anne. **Deleuze: L'empirisme transcendental**. Paris: PUF, 2010.

SIMONDON, George. **La individuación**. Buenos Aires: La Cebra, 2010.

SOUSA, Carlos Mendes de. **Clarice Lispector. Figuras da escrita**. Rio de Janeiro: Instituto Moreira Salles, 2011.

STEPAN, Nancy. **The Hour of Eugenics**. Ithaca: Cornell University Press, 1991.

TORRANO, Andrea. "Por una comunidad de monstruos". In: **Caja Muda**, n. 4, 2013 (disponível em http://www.revistacajamuda.net/text/4/por_una_comunidad_de_monstruos.html).

VIDAL, Paloma. "La posibilidad del imposible". In: **Revista Iberoamericana**. Pittsburgh: n. 227, junho de 2009.

WEY, Valquiria. "Prólogo". In: **João Guimarães Rosa, Campo general y otros relatos**. Cidade do México: Fondo de Cultura Económica, 2001.

WILKINS, John. **Species. A history of an idea**. Los Angeles: University of California Press, 2009.

WOLFE, Cary. **Animal Rites. American Culture, the Discourse of Species and Posthumanist Theory**. Chicago: University of Chicago Press, 2003.

_____. **Before the Law. Humans and Other Animals in a Biopolitical Frame**. Chicago: University of Chicago Press, 2012.

YELIN, Julieta. "Adentro de las jaulas: imaginarios de la multiplicidad en algunos relatos argentinos de la década del cincuenta. El caso de *Bes-*

tiario de Julio Cortázar". In: **Boletín/12 del Centro de Estudios de Teoría y Crítica Literaria**. Rosário: dezembro de 2005.

_____. "Nuevos imaginarios, nuevas representaciones. Algunas claves de lectura para los bestiarios latinoamericanos contemporáneos". In: **Inicio**, vol. 3, n. 1, 2008.

_____. "Viajes a ninguna parte. Sobre la representación de la animalidade en 'Meu tio o iauaretê', de João Guimarães Rosa, y *A paixão segundo G.H.*, de Clarice Lispector". In: **Itinerarios**. 8, 2008.

_____. "Cartas desde el Nuevo Mundo. Sobre *La cité des rats* de Copi". VIII Congreso Internacional de Teoría y Crítica Literaria Orbis Tertius, Facultad de Humanidades y Ciencias de la Educación, Universidad de la Plata. Disponível em: http://citclot.fahce.unlp.edu.ar/viii-congreso

ZOURABICHVILI, François. Le vocabulaire de Deleuze. Paris: Ellipses Editions, 2003.

Sobre o autor

Gabriel Giorgi estudou na Universidade Nacional de Córdoba, na Argentina, e na New York University, onde atua como professor e pesquisador nas áreas de literaturas argentina e latino-americana, teoria *queer* e biopolítica. Além de artigos publicados em jornais e revistas da Argentina, dos Estados Unidos, Espanha e Brasil, é autor de *Sueños de exterminio. Homosexualidad y representación en la literatura argentina* (Rosário: Beatriz Viterbo, 2004) e coeditor de *Excesos de vida. Ensayos sobre biopolítica* (Buenos Aires: Paidós, 2007).

Este livro foi impresso na Editora JPA Ltda.
Av. Brasil, 10.600 - Rio de Janeiro - RJ
para a Editora Rocco Ltda.